Dr. Wolfgang Feil · Herbert Steffny

Die Lauf-Diät
DAS KOCHBUCH

Dr. Wolfgang Feil · Herbert Steffny

Die Lauf-Diät
DAS KOCHBUCH

Inhalt

Vorwort
Konsequent weitergehen

Im ersten Buch zur Lauf-Diät haben wir sieben Stoffwechseljoker vorgestellt und für zwei Wochen zackige Rezepte geliefert, in die diese Joker integriert waren. Das Feedback unserer Leserinnen und Leser zeigt uns, dass die Stoffwechseloffensive Körper, Geist und Seele erfrischt und die überflüssigen Pfunde wegschmilzt. Der Wunsch nach weiteren Rezepten war so groß, dass wir uns für das Kochbuch zur Lauf-Diät entschieden haben.

Was bietet dieses Kochbuch zur Lauf-Diät zusätzlich?

Wir haben für Sie weitere Rezepte à la Lauf-Diät für vier Wochen ausgeklügelt. Die neuen Rezepte sind so zusammengestellt, dass die vitalisierenden und stoffwechsel-aktivierenden Wirkstoffe aus den Rezepten in Ihrem Körper noch länger wirksam sind. Ihr Körper bekommt dadurch noch mehr Wirkstoffe für ein langes Leben ab. Der gewollte Nebeneffekt: Sie kommen dadurch noch schneller zu Ihrem Wunschgewicht.

Wir haben außerdem einen Joker ausgebaut, damit Sie den unerwünschten Bauchringen zu Leibe rücken können. Die Kohlenhydrate werden abends deutlich verringert, und dafür wird der Eiweißanteil in der Abendmahlzeit erhöht. Mit dieser Strategie arbeiten wir im Sport schon seit Jahren, damit die von uns betreuten Athleten schneller das Wettkampfgewicht erreichen. Dies liegt etwa zwei bis drei Kilogramm unter deren Normalgewicht.

In diesem Kochbuch zur Stoffwechseloffensive haben wir die stoffwechselaktivierende Wirkung von Gemüse, Salat und Obst verstärkt. Durch etwas mehr Pfeffer und Kurkuma sind die Wirkstoffe aus Gemüse, Salat und Obst im Körper länger wirksam. Folge: ein noch besseres Immunsystem und straffes Bindegewebe durch jedes einzelne Rezept – dreimal am Tag.

Nachdem Sie sich durch die Lauf-Diät bereits an die aktivierenden morgendlichen Gewürze gewöhnt haben, haben wir in den Rezepten dieses Kochbuchs für Ihre Stoffwechseloffensive die Frühstücksdrinks wirkstoffmäßig erweitert: Wir packen in jeden Drink die aktivierenden Omega-3-Fettsäuren hinein und ergänzen mit Mandelmehl. Durch das Mehl aus der Mandel wird der Eiweißanteil ausgebaut – gleichzeitig nimmt der Anteil zellschützender Antioxidanzien zu. Mit diesen neuen Frühstücksdrinks erhöhen Sie rundum Ihr Schutzpotenzial gegenüber jeder Art von Krankheit.

Ihre Coaches: links Herbert Steffny, u. a. Diplombiologe, 16-facher Deutscher Meister und Marathon-Olympiateilnehmer, seit 1989 Fitnessseminarveranstalter und Bestsellerautor, rechts Dr. Wolfgang Feil, u. a. Biologe und Sportwissenschaftler, Dozent an der Hochschule Furtwangen, aktiver Läufer und ebenfalls Bestsellerautor.

Neu in die Rezepte aufgenommen wurde das Lebensmittel Quinoa, auch als Inkareis bekannt. Quinoa wird gekocht wie Reis, enthält jedoch 400 % mehr Eisen und Zink sowie 40 % mehr Eiweiß als Naturreis.

Ebenso gibt es für Sie viele aktivierende Schokoladennachtische, da Kakao zu den wirksamsten Anti-Aging-Pflanzen gehört und den Motivationsjoker bereichert. Freuen Sie sich schon jetzt auch auf die Ausführungen, warum Sie zukünftig mehr Kaffee und Zimt für Ihre Stoffwechseloffensive genießen dürfen.

gungsübungen dargestellt. Jetzt geht es auch hier weiter: Wie wäre es mit einem Trainingsplan für den ersten Fünf-Kilometer-Lauf – vielleicht auch für den ersten Zehn-Kilometer-Lauf?

Auch hier können Sie wählen zwischen moderat und zeitorientiert – so, wie Sie es möchten. Außerdem erhalten Sie bei den Kräftigungsübungen zusätzliche Anleitungen, wie Sie dem Alterungsprozess ein Schnippchen schlagen können. Wir zeigen Ihnen die wirksamsten Übungen zum HII-Training.

Neue Bewegungspläne und neues Training

In der Lauf-Diät haben wir die Wichtigkeit des Muskelaufbaujokers aufgezeigt. Hierfür haben wir Ihnen drei Bewegungspläne vom Walking zum Fitnessläufer geliefert und die wichtigsten Dehn- und Kräfti-

Was bleibt gleich?

Gleich geblieben sind folgende Lauf-Diät-Prinzipien:

‣ Drei aktivierende Hauptmahlzeiten pro Tag.
‣ Vermeidung von Hungergefühlen durch die optimale Kombination der Nährstof-

fe. Den Sonntag haben wir dieses Mal wie alle anderen Wochentage mit ca. 2000 Kilokalorien berechnet.

▶ Sünden sind eingerechnet. Im Kochbuch zur Stoffwechseloffensive haben Sie pro Woche ein genehmigtes Sündenpotenzial von ca. 700 Kilokalorien. Das entspricht mehr als einer Tafel Schokolade oder drei halben Litern Bier oder 200 bis 300 Gramm Käse pro Woche.

▶ Essen Sie keine Zwischenmahlzeiten, also auch kein Obst zwischendurch – das würde den Hunger erhöhen und dick machen.

▶ Drei bis fünf Gläser Rotwein pro Woche zum Schutz Ihrer Körperzellen können Sie sich gönnen. Bauen Sie den Rotwein einfach so ein, wie es Ihnen passt. Die Rotweinenergie ist in den Plänen eingerechnet.

▶ Täglich können Sie zwischen zwei und vier Tassen Kaffee trinken. Gönnen Sie sich diese Extraportion an guter Stimmung und Lebensverlängerung. Obwohl in den Rezepten meist nur einmal Milchkaffee am Morgen aufgeführt ist, können Sie die anderen Tassen Kaffee ebenfalls mit Milch trinken – auch diese Milch-

menge haben wir in den Plänen berücksichtigt.

▶ Ihre tägliche Trinkmenge sollte bei drei Litern liegen; Tee und Kaffee zählen zur Trinkmenge dazu. Allerdings sollten Sie Tee und Kaffee immer ungesüßt trinken – wenn Sie auf die Süße nicht verzichten können, dann sind Süßstoffe in dieser Trinkmenge unbedenklich. Versuchen Sie sich jedoch in diesem Fall die »Süßrezeptoren« abzutrainieren, indem Sie nach jeder Woche etwas weniger Süßstoff nehmen. Sie werden dadurch zum »Stoffwechselgourmet«.

▶ Der Tageseinstieg erfolgt über einen liebevollen Gedanken zum Tag (aus dem Jahreskalender »Magische Momente« von Management- und Persönlichkeitstrainer Jörg Löhr).

▶ Das Bewegungs- und Muskelkräftigungsprogramm ist in die Tagespläne eingebunden.

▶ Ein vitalisierendes Frühstück dient als Zündkerze für einen aktiven Tag.

Machen Sie sich weiter auf Ihren stoffwechselaktiven Weg – wir begleiten Sie wieder gerne!

Ihr Dr. Wolfgang Feil
und Ihr Herbert Steffny

Die sieben Stoffwechseljoker im Überblick

Erfolgreiches Gewichts- und Vitalitätsmanagement braucht viele Trümpfe und Joker. Sie sind immer auf der Gewinnerseite, wenn Sie durch möglichst viele Joker Ihren Bestand an Trümpfen deutlich ausbauen. Mit den Jokern aus der Lauf-Diät macht es Ihnen Spaß, laufend vitaler zu werden. Ganz nebenbei werden Sie immer mehr Pfunde los.

Ernährungsjoker

Thermogenesejoker

Vitalstoffjoker

Hormonjoker

Stoffwechsel-offensive

Realisierungsjoker

Bewegungs- und Muskelaufbaujoker

Motivationsjoker

Wissensjoker

Die Ernährungsjoker

Thermogenesejoker
Den inneren Ofen anheizen

Gewürze, Kräuter und Keimlinge fördern Ihre Durchblutung und heizen die Verbrennung richtig an. Rezepte nach der Lauf-Diät enthalten viele Gewürze, Kräuter und Keimlinge. Nebenbei stärken Sie so auch Ihr Immunsystem, Ihr Herz und Ihre Blutgefäße.

Exoten gegen Fett

Auch Ingwer, Kurkuma und Zimt beschleunigen Ihren Stoffwechsel und erhöhen dadurch Ihren Fettabbau. In der traditionellen östlichen Medizin wird diese Wirkung schon seit mehreren Tausend Jahren geschätzt. Durch den erhöhten Einsatz dieser Gewürze bekommen Ihre Speisen darüber hinaus eine besondere Note.

So lodert Ihr Feuer den ganzen Tag

Meerrettich, Senf, Knoblauch und Zwiebeln halten Ihr Feuer über den Tag entfacht. Darüber hinaus schützen die Inhaltsstoffe dieser Lebensmittel auch vor Krebserkrankungen. Frische Kräuter geben Ihren Speisen die richtige Würze und kurbeln den Stoffwechsel langanhaltend an. Außerdem wecken sie Lebensgeister und kräftigen Ihr Immunsystem.

Es gibt keine Lebensmittel, die pro Gramm eine ähnlich hohe Nährstoffdichte haben wie frische Kräuter. Deshalb sollte ein Rezept nach der Lauf-Diät immer frische Kräuter enthalten. Die Kräuter dürfen jedoch nicht gekocht, sondern immer erst beim Anrichten über die Gerichte gestreut oder kalt verarbeitet werden. Besonders stoffwechselaktiv wirken dabei die Kräuter Schnittlauch, Petersilie, Rosmarin, Basilikum und Salbei.

Tipp

Rosmarin und Salbei erhöhen Ihre Schwermetallausleitung und regen Ihre Gehirnaktivität an. Also ran an reichlich Rosmarin und Salbei.

Keimlinge – wahre Vitaminbomben

Wenn Sie Samen und Getreidekörner keimen lassen, erhöht sich deren Vitamingehalt gleich um mehrere 100 %. Ein hoher Vitamingehalt bedeutet für Sie eine hohe Stoffwechselaktivität. Von künstlichen Vitaminpräparaten können Keimlinge nicht ersetzt werden, da die Vitamine natürlichen Ursprungs besser verfügbar sind.

Ebenso enthalten sie zusätzlich sekundäre Pflanzenstoffe, die Ihr Immunsystem stärken. Keimlinge sind in den Salaten nicht extra aufgeführt – Sie sollten generell immer Keimlinge zu Hause haben und über Ihren Salat geben.

Milch macht müde Männer munter

So hieß es früher in der Werbung. Milchprodukte (z. B. Milch, Joghurt, Buttermilch, Käse) sind jedoch nicht nur für Männer gut, sondern auch für Frauen, da Milchprodukte das innere Feuer entfachen. Hierfür ist der hohe Kalzium- und Eiweißgehalt verantwortlich.

Ihr innerer Ofen schreit nach Flüssigkeit

Auch reines Wasser und besonders grüner Tee wirken stoffwechselaktivierend. Wenn Sie Ihren inneren Ofen richtig anheizen wollen, sollten Sie deshalb viel trinken. Das Minimum sind täglich drei Liter Flüssigkeit, und zwar in Form von etwa zwei Litern Wasser und drei großen Tassen grünem Tee.

Gute Nachricht für alle Kaffeeliebhaber: Auch Kaffee zählt zur Trinkmenge und hat einen thermogenetischen Effekt; dieser ist allerdings etwas geringer als der von grünem Tee.

Für alle zur Überprüfung: Einmal am Tag sollte der Urin durchsichtig und hell sein.

Milch ist besonders morgens ein sehr wertvolles Getränk für Läufer – nur nicht unmittelbar vor einem Lauf.

Vitalstoffjoker
Der richtige Mix macht's

Ein Rezept nach der Lauf-Diät enthält massenhaft Vitalstoffe (Minera-
lien, Vitamine und Spurenelemente). Die Kombination aus einer
kleinen Portion vollwertiger Kohlenhydrate mit einem hochwertigen
Eiweißanteil führt zu einer langanhaltenden Sättigung. Weiterhin
bedarf es hierzu einer großen Portion Salat oder Gemüse sowie aktivierender Fettsäuren.

Die drei täglichen Hauptmahlzeiten in der Lauf-Diät haben in der Summe immer 50 % Kohlenhydrate, 35 % Fett und 15 % Eiweiß gehabt. Die Tagesbilanz von 2000 Kilokalorien wurde somit erreicht durch 1000 Kilokalorien Kohlenhydrate, 700 Kilokalorien Fett und 300 Kilokalorien Eiweiß. Bei den Kohlenhydraten achteten wir auf einen hohen Anteil vollwertiger Kohlenhydrate, die Fettmenge wurde dominiert von aktivierenden Fettsäuren, beim Eiweiß achteten wir auf eine hohe biologische Eiweißwertigkeit; ebenso wurden besonders fettabbauende Eiweißbausteine (Aminosäuren) berücksichtigt.

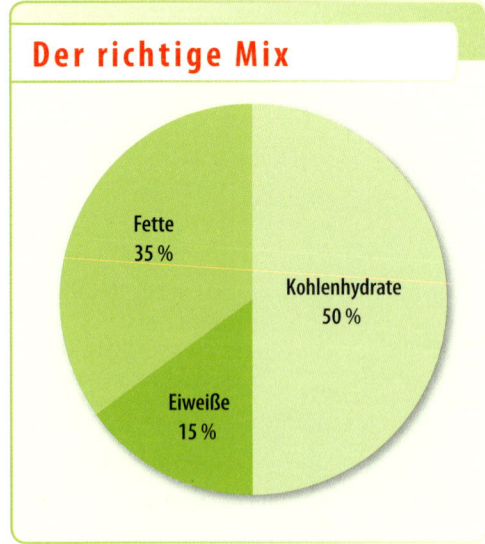

Der richtige Mix

Fette
35 %

Kohlenhydrate
50 %

Eiweiße
15 %

Der neue Mix setzt den Turbokombi

Beim Kochbuch zur Lauf-Diät schalten wir nun zusätzlich den Turbo. Wir verschieben die Nährstoffrelationen im Tagesgang und tragen so unserer Aktivitätskurve Rechnung: Morgens und mittags haben wir die gleiche Nährstoffrelation wie im ersten Lauf-Diät-Buch. Hier decken wir 50 % der Energieaufnahme über die Kohlenhydrate. Diese Kohlenhydrate brauchen wir, damit wir viel Energie haben, um etwas anpacken zu können und unsere Aufgaben erledigt zu bekommen. Abends schalten wir den Turbokombi: Wir verringern die Kohlen-

Abends den Turbo schalten

So sieht die Turbonährstoffrelation beim Kochbuch zur Lauf-Diät aus. Die Werte für die Kalorienverteilung sind nur Eckpfeiler und zeigen die Strategie – rezeptbedingt werden diese Relationen immer leicht schwanken.

Frühstück **Kohlenhydrate : Fett : Eiweiß = 50 : 35 : 15 %**

Mittags **Kohlenhydrate : Fett : Eiweiß = 50 : 35 : 15 %**

Abends **Kohlenhydrate : Fett : Eiweiß = 35 : 40 : 25 %**

hydrate, da der aktive Teil des Tages gelaufen ist – automatisch nimmt dann der Eiweiß- und Fettanteil zu. Außerdem reduzieren wir so den abendlichen und nächtlichen Blutzuckerspiegel. Die Insulinausschüttung wird begrenzt, und Ihr Fettstoffwechsel bleibt abends und nachts auf vollen Touren.

Übrigens, besonders abends gilt: Kalorie ist nicht gleich Kalorie. Lieber 100 Kilokalorien aus Eiweiß (oder Fett) als 100 Kilokalorien aus Kohlenhydraten.

Fettpölsterchen ade – von Profis lernen

Wir haben festgestellt, dass die von uns betreuten Sportler, die teilweise 30 Stunden Sport pro Woche treiben, nur durch die abendliche Verringerung der Kohlenhydrate an die letzten zwei Kilogramm Gewichtsreserve kommen. Dieses System haben wir dann bei Hobbysportlern mit drei bis vier Stunden Bewegung pro Woche ge-

testet. Das Ergebnis zeigte sich besonders in der Körperform: Bauchansatz und Fettpölsterchen an der Hüfte gingen innerhalb von vier bis acht Wochen messbar schneller zurück.

Tipp für Eilige – die Turboversion

Wenn der Wunsch aller »Mitesser« nach einer noch schnelleren Gewichtsreduzierung besteht, können Sie die abendliche Kohlenhydrataufnahme nochmals verringern. Wir haben diese Option bei den entsprechenden Rezepten immer angegeben. Dadurch nimmt der Anteil der Fett- und Eiweißkalorien beim Abendessen naturgemäß nochmals zu. Beim Fett kann dann der Energieanteil sogar rezeptbedingt auf über 50 % gehen. Dies sind jedoch aktivierende Fettsäuren, die Sie für Ihre Hormone und für Ihre Stoffwechseloffensive brauchen. Deshalb ist die Relation zugunsten aktivierender Fettsäuren und zugunsten von Eiweiß in den Abendrezepten erwünscht und beschleunigt Ihren Erfolg in der Stoffwechseloffensive.

Üben Sie sich in Geduld

Die Umstellung, abends deutlich weniger Kohlenhydrate zu essen, dauert nur ungefähr zwei Wochen. Anfänglich mag es sein, dass Sie meinen, dass noch etwas fehlt – spätestens in der dritten Woche spüren Sie aber, wie gut Ihnen die wenigen Kohlenhydrate am Abend tun. Freuen Sie sich, in Zukunft auch diesen Joker auszuspielen.

Wenn Sie mal Lust auf mehr haben, trinken Sie eine Feuerschokolade (siehe Seite 35) – sie sättigt, aktiviert und macht glücklich.

Mehr Fett macht fit – wenn Sie richtig auswählen

Bei der Lauf-Diät dürfen Sie nicht auf Fett verzichten. Sie brauchen viele aktivierende Fettsäuren für Ihre Hormonproduktion und zum Abbau von Entzündungen. Diese aktivierenden Fettsäuren sind die einfach ungesättigten Fettsäuren, die besonders in Olivenöl und Nussölen vorkommen. Wir haben für Sie ein Bratöl der Firma Egle gefunden, das einen hohen Anteil dieser einfach ungesättigten Fettsäuren enthält, nur gepresst ist und einen ganz feinen natürlichen Geschmack nach Butter hat (siehe Seite 189). Dieses Öl verwenden wir bei allen Teigen, bei denen die feine Note der Butter

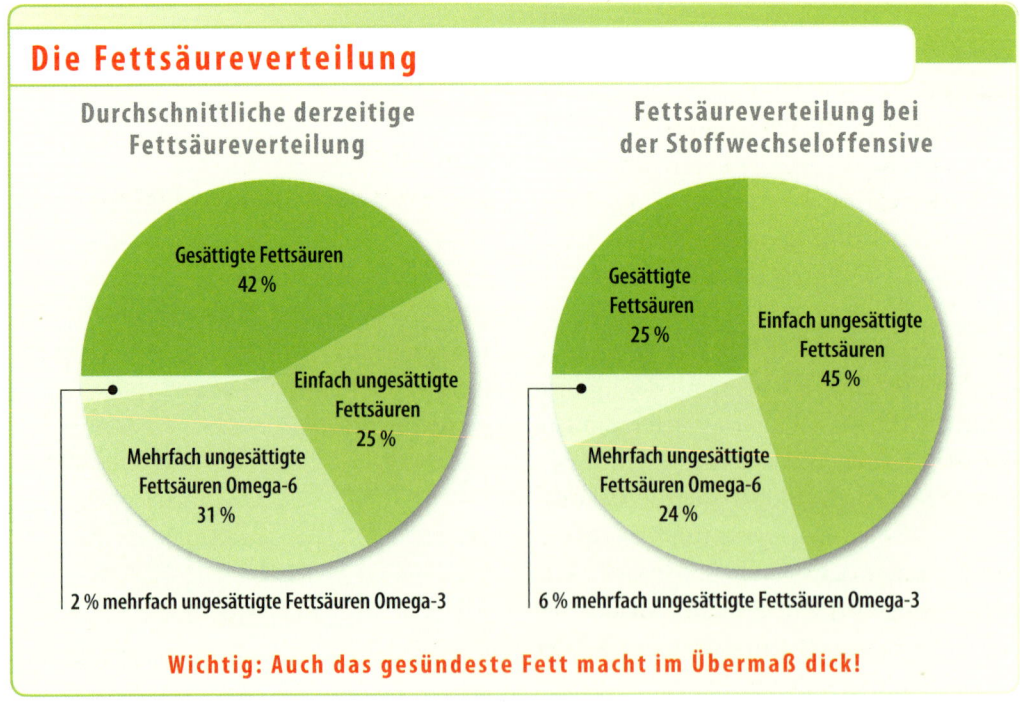

Die Fettsäureverteilung

Durchschnittliche derzeitige Fettsäureverteilung

Gesättigte Fettsäuren
42 %

Einfach ungesättigte Fettsäuren
25 %

Mehrfach ungesättigte Fettsäuren Omega-6
31 %

2 % mehrfach ungesättigte Fettsäuren Omega-3

Fettsäureverteilung bei der Stoffwechseloffensive

Gesättigte Fettsäuren
25 %

Einfach ungesättigte Fettsäuren
45 %

Mehrfach ungesättigte Fettsäuren Omega-6
24 %

6 % mehrfach ungesättigte Fettsäuren Omega-3

Wichtig: Auch das gesündeste Fett macht im Übermaß dick!

erwünscht ist. Aktivierend neben diesen einfachen ungesättigten Fettsäuren sind auch die Omega-3-Fettsäuren (Speiselein-, Walnuss- oder Rapsöl). Diese Omega-3-Fettsäuren heben zudem die Stimmung. Einsparen dürfen Sie bei den schlechten gesättigten Fettsäuren aus Wurst, Fleisch und Süßigkeiten.

Keine Regel ohne Ausnahme

Gesättigte Fettsäuren sind nicht gleich gesättigte Fettsäuren. Milchprodukte enthalten einerseits viele gesättigte Fettsäuren, andererseits jedoch auch entzündungsabbauende Stoffe, die sogenannten konjugierten Linolsäuren. Wenn wir Milchprodukte einsetzen wie z. B. Käse, Joghurt oder Sahne, dann darf deshalb der Anteil der gesättigten Fettsäuren deutlich höher als 25 % sein. Milchprodukte schätzen wir besonders wegen ihres hohen stoffwechselaktivierenden Kalziumgehalts. Wir verwenden in den Rezepten immer wieder ungehärtete Palmöle (Kokosmilch). Auch diese enthalten relativ viele gesättigte Fettsäuren – mehrheitlich jedoch in kurzkettiger Form. Diese gesättigten kurzkettigen Fettsäuren werden direkt zum Aufbau der Darmschleimhaut verwertet und wirken nicht wie die anderen längerkettigen gesättigten Fettsäuren entzündungsfördernd. Die dritte Ausnahme bezieht sich auf die gesättigten Fettsäuren aus Fischen. Makrele, Hering, Lachs oder Thunfisch enthalten viel wertvolle Omega-3-Fettsäuren – aber der Gesamtfettanteil dieser Fische setzt sich

zusammen aus einem Drittel gesättigter Fettsäuren, die in der Gesamtbilanz der Fischwirkung auf den Stoffwechsel nicht stören.

Die stoffwechseloffensiven Rezepte mit Milchprodukten (z. B. Käse), Palmölen oder Meeresfischen haben deshalb einen höheren Anteil an gesättigten Fettsäuren. Dies wirkt sich jedoch nicht entzündungsfördernd aus, da diese Lebensmittel insgesamt stoffwechselaktivierend wirken und gleichzeitig einen Überschuss an entzündungssenkendem Potenzial haben.

Auch Werte von über 40 % gesättigten Fettsäuren können abhängig vom Rezept erreicht werden – und Sie bleiben dennoch voll auf Kurs Ihrer Stoffwechseloffensive.

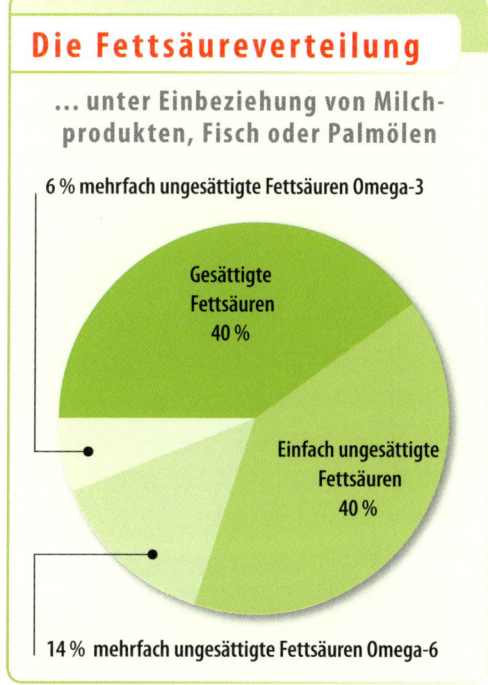

Die Fettsäureverteilung

... unter Einbeziehung von Milchprodukten, Fisch oder Palmölen

6 % mehrfach ungesättigte Fettsäuren Omega-3

Gesättigte Fettsäuren 40 %

Einfach ungesättigte Fettsäuren 40 %

14 % mehrfach ungesättigte Fettsäuren Omega-6

Hormonjoker
Mehr Muskeln, weniger Fett

Ab 35 Jahren nimmt leider Ihre körpereigene Hormonproduktion ab. Infolgedessen schrumpft Ihre Muskelmasse – gleichzeitig nimmt das Fettgewebe zu. Aus dieser Hormonfalle können Sie durch Bewegung und Krafttraining sowie durch eine gezielte Ernährung herauskommen.

Aminosäuren, Bor und Zink für mehr Hormone

Wissenschaftliche Studien zeigten, dass Menschen, die zu viel Gewicht auf den Rippen haben, generell weniger Wachstumshormon produzieren. Dies hat zur Folge, dass mehr Fett eingelagert wird. Bestimmte Aminosäuren (Eiweißbausteine) haben jedoch die Fähigkeit, die körpereigene Produktion von Wachstumshormon anzukurbeln. Hierzu zählen die Aminosäuren Arginin, Lysin und Glutamin. Ein Rezept nach der Lauf-Diät ist daher so ausgelegt, dass diese speziellen Aminosäuren in hoher Menge enthalten sind.

Wenn die körpereigene Produktion von Wachstumshormon oder auch Testosteron abnimmt, vermehrt sich nicht nur das Fettgewebe, sondern auch der innere Schwei-

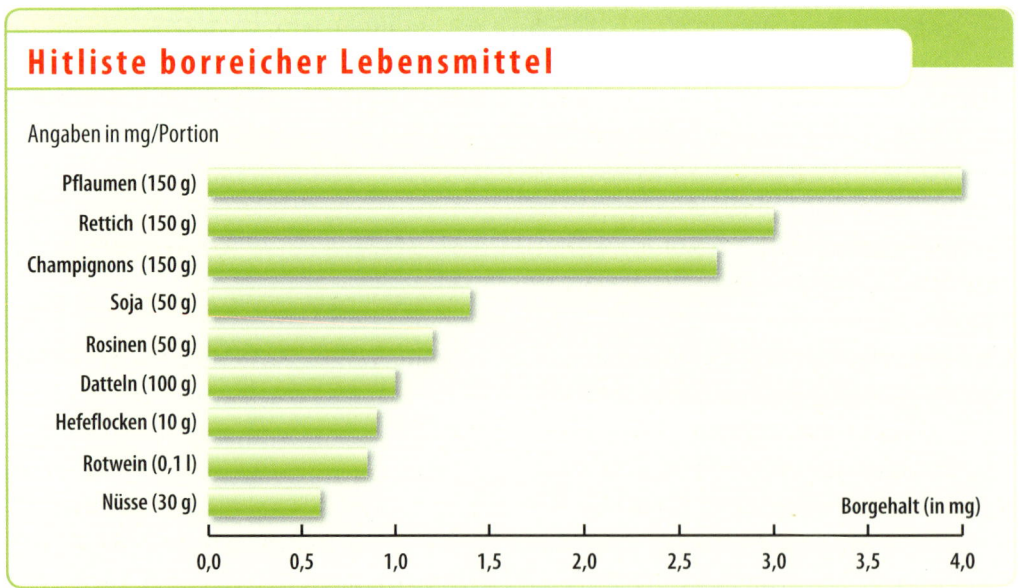

Hitliste borreicher Lebensmittel

Angaben in mg/Portion

Pflaumen (150 g)
Rettich (150 g)
Champignons (150 g)
Soja (50 g)
Rosinen (50 g)
Datteln (100 g)
Hefeflocken (10 g)
Rotwein (0,1 l)
Nüsse (30 g)

Borgehalt (in mg)

0,0   0,5   1,0   1,5   2,0   2,5   3,0   3,5   4,0

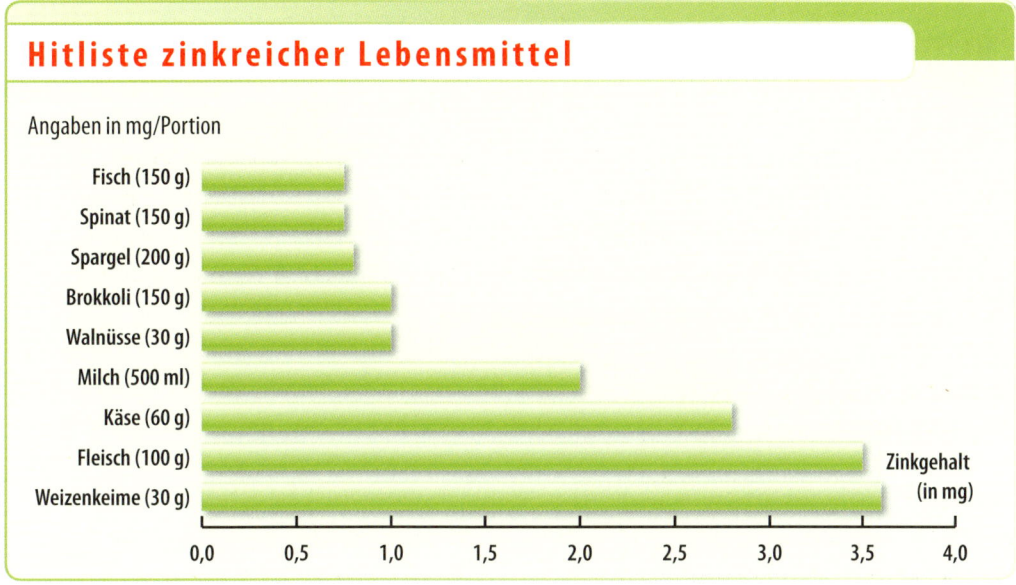

Hitliste zinkreicher Lebensmittel

Angaben in mg/Portion

Fisch (150 g)
Spinat (150 g)
Spargel (200 g)
Brokkoli (150 g)
Walnüsse (30 g)
Milch (500 ml)
Käse (60 g)
Fleisch (100 g)
Weizenkeime (30 g)

Zinkgehalt (in mg)

0,0   0,5   1,0   1,5   2,0   2,5   3,0   3,5   4,0

nehund bekommt mehr Macht. Der Antrieb, etwas anzupacken, wird kleiner. Die Östrogenproduktion lässt mit zunehmendem Alter ebenfalls nach – hier ist die Folge eine Knochenentkalkung, was zu spröden, bruchanfälligen Knochen im Alter führt.

Eine gute Hormonproduktion beeinflusst sogar unser soziales Verhalten sehr positiv: So konnte in neuen Studien gezeigt werden, dass eine höhere körpereigene Testosteronprodukion ein deutlich faireres Verhalten gegenüber den Mitmenschen nach sich zieht.

Die körpereigene Hormonproduktion wird zusätzlich unterstützt durch bor- und zinkreiche Lebensmittel. Dies hat wiederum zur Folge, dass die ungeliebten Fettpölsterchen nachhaltig verschwinden. Lauf-Diät-Rezepte bedienen sich überwiegend aus den Hitlisten von Lebensmitteln, die reich an

Bor, Zink und hormonell ankurbelnden Aminosäuren sind.

Eine Schlüsselrolle spielt das Zink: Menschen mit zu vielen Pfunden haben häufig einen Zinkmangel. Da Zink das Essverhalten mitsteuert, gilt: Wer gut mit Zink versorgt ist, hat keinen Heißhunger auf Süßes oder Fettes.

Magnesium – Zündkerze für den Stoffwechsel

Magnesium fungiert als Zündkerze für die meisten Stoffwechselprozesse, also auch für die Bildung von körpereigenen Hormonen. Durch normale Mischkost wird zu wenig Magnesium aufgenommen. Symptome eines Magnesiummangels sind Müdigkeit, Abgespanntheit und Gereiztheit – ähnlich

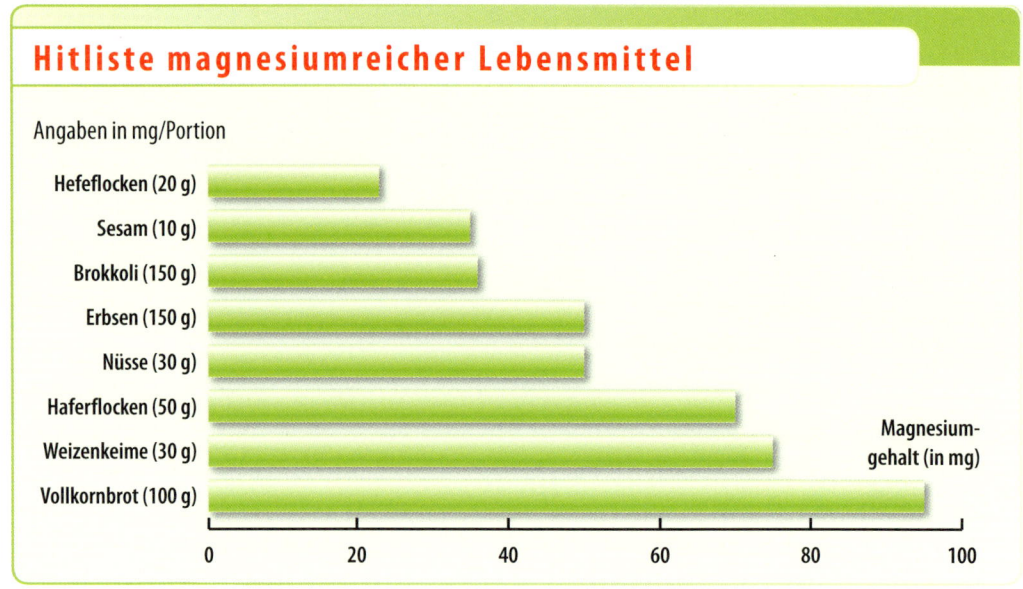

Hitliste magnesiumreicher Lebensmittel

Angaben in mg/Portion

Hefeflocken (20 g)
Sesam (10 g)
Brokkoli (150 g)
Erbsen (150 g)
Nüsse (30 g)
Haferflocken (50 g)
Weizenkeime (30 g)
Vollkornbrot (100 g)

Magnesium-
gehalt (in mg)

0   20   40   60   80   100

wie bei Eisenmangel. In der stoffwechsel-offensiven Lauf-Diät setzen wir daher Lebensmittel ein, die in der Hitliste der magnesiumreichen Lebensmittel stehen.

Fett weg mit Genistein

Während die höhere körpereigene Hormonproduktion das Fett aus den Fettzellen treibt, können Sie den Stoffwechsel auch dazu erziehen, dass er generell weniger Fettzellen bildet. Hierfür muss die Ernährung genisteinreich sein. Genistein ist ein Pflanzenstoff, der reich in Soja und Tofu vorkommt. In den Rezepten der Lauf-Diät setzen wir daher viel Tofu ein. Weitere Genisteinquellen sind Bohnen und Linsen, die wir auch immer wieder als Zutaten in die Mahlzeiten integrieren.

Auch Bewegung ist ein Hormonjoker

Sport regt die natürliche Hormonproduktion an: Ihr Körper bildet durch Bewegung und Muskulatur eine ganze Reihe von Hormonen. So entstehen mehr Testosteron und Wachstumshormon. Diese Hormone bauen den inneren Schweinehund ab, schmelzen Fettzellen ein und sorgen für schnellere Erholung nach anstrengenden Aktivitäten. Wenn Sie sich mehr bewegen und Muskulatur aufbauen, bildet Ihr Körper auch mehr Östrogen. Dadurch bekommen Sie stärkere Knochen und sind geschützt vor Depressionen und Schlafstörungen. Viele Menschen spüren, dass sich durch Sport sogar Gehirnleistung, Kreativität, Stimmung und Immunsystem verbessern. Dies wird mit einer höheren Produktion der

Hormone DHEA und ACTH in Verbindung gebracht. Walking, Jogging und Krafttraining machen Sie deshalb gesünder, vitaler, jünger, ausgeglichener und kreativer. Zugleich wird durch Bewegung und Muskeltraining das Dickmacherhormon Insulin weniger gebildet. Sie lagern dadurch weniger Fettsäuren ein und werden im Lauf der Zeit sichtbar schlanker.

Hormonell auf der Höhe

Ziel der Stoffwechseloffensive in der Lauf-Diät ist es, alle Einflüsse auf die Hormonproduktion zu berücksichtigen. Es ist wie bei einem Motor. Ein Sechszylindermotor braucht alle sechs Zylinder, damit er kraftvoll und rund läuft. Fällt ein Zylinder aus, bringt der Motor keine Leistung. Damit Sie in einen guten hormonellen Zustand kommen, brauchen Sie somit Lebensmittel, die auf allen hormonellen Ebenen wirksam sind. Dies erreichen Sie, wenn Ihre Lebensmittel sowohl viele fettabbauende Aminosäuren enthalten als auch bor-, zink- und magnesiumreich sind. Ohne die beiden Sportzylinder (Bewegung und Muskelkräftigung) ist der Hormonjoker nicht komplett. Im ersten Buch zur Lauf-Diät haben Sie bereits zwei Wochen bekommen, in denen alle Hormonjoker berücksichtigt wurden – im Kochbuch zur Lauf-Diät bekommen Sie weitere vier Wochen dazu.

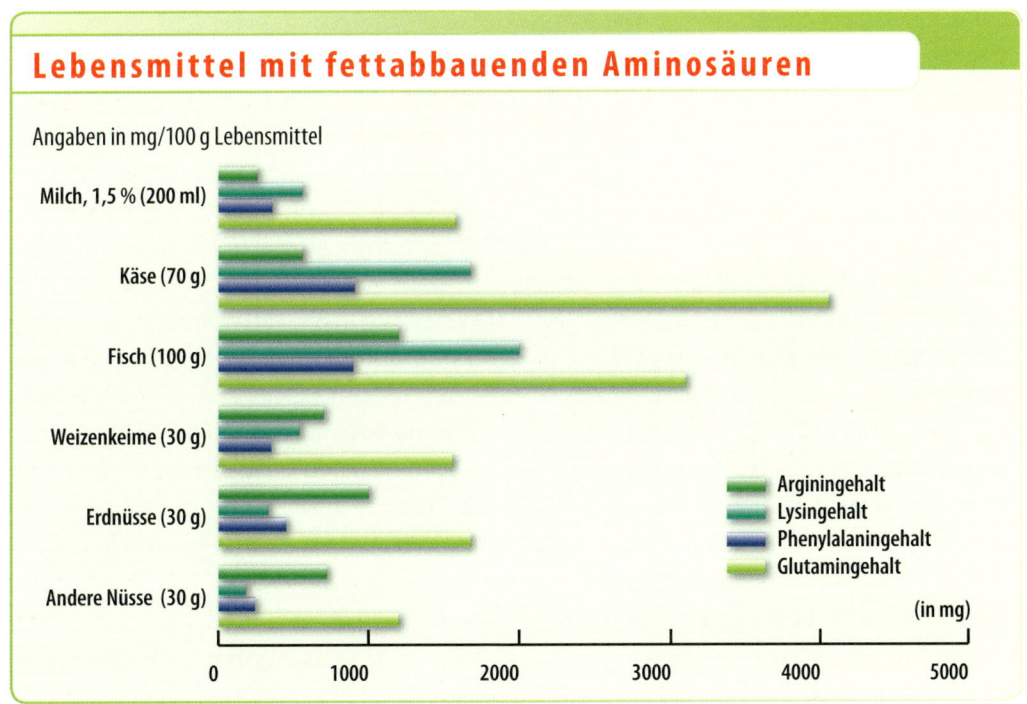

Lebensmittel mit fettabbauenden Aminosäuren

Angaben in mg/100 g Lebensmittel

Milch, 1,5 % (200 ml)
Käse (70 g)
Fisch (100 g)
Weizenkeime (30 g)
Erdnüsse (30 g)
Andere Nüsse (30 g)

Arginingehalt
Lysingehalt
Phenylalaningehalt
Glutamingehalt

(in mg)

0   1000   2000   3000   4000   5000

Die Bewegungs-
und Muskeljoker

Es läuft weiter
Lebensqualität pur

Im ersten Buch der Lauf-Diät haben Sie viele Gründe erfahren, warum Sie mit Laufen beginnen sollten, und dass Sie damit nicht nur abnehmen, sondern mehr Lebensqualität gewinnen und biologisch 20 Jahre jünger sind als untrainierte Gleichaltrige.

Sie haben bereits alles über einen notwendigen Gesundheits-Check, sinnvolle Ausrüstung, Trainingsmethodik und -steuerung gelernt. Sie sind eingestiegen, joggen regelmäßig mit guten Laufschuhen und beherrschen unser vorgestelltes Gymnastikprogramm. Das alles ist Routine geworden. Sie suchen aber nun eine neue Herausforderung, ein intensiveres Training oder die Teilnahme bei einem Volkslauf vielleicht?

Der Weg bleibt das Ziel

Auch wenn wir uns ab Seite 154 mit der Vorbereitung auf die ersten spielerischen Wettkämpfe beschäftigen werden, so bleibt Ausdauersport für die Gesundheit und Fitness der wichtigste Aspekt beim Laufen. Wenn es nur um Gesundheit und Figur geht, dann muss man an keinem Rennen teilnehmen. Für ein gesundes Herz- und

Plan 1 – in 8 Wochen zum Läufer

Dieser Plan für Laufeinsteiger gilt für 3-mal Training pro Woche, danach Dehnungsgymnastik

1. Woche
2. Woche
3. Woche
4. Woche
5. Woche
6. Woche
7. Woche
8. Woche

1 Minute Jogging (70–80% maxHf)   1 Minute flottes Gehen

Quelle: Herbert Steffny, »Das große Laufbuch«, Südwest Verlag

Plan 2 – 1. Trainingswoche		
Tag	**Training**	**ca. km**
Mo	–	–
Di	–	–
Mi	Ruhiger DL 45 Min. (70–80 % maxHf)	7–8
Do	–	–
Fr	–	–
Sa	50 Min. Fahrtspiel (Tempowechsel 70 – über 90 % maxHf)	8–9
So	90 Min. langsamer DL (70 % maxHf)	13–14

© Feil/Steffny: Die Lauf-Diät – Das Kochbuch. Südwest Verlag, München 2011

Plan 2 – 2. Trainingswoche		
Tag	**Training**	**ca. km**
Mo	–	–
Di	–	–
Mi	Ruhiger DL 45 Min. (70–80 % maxHf)	7–8
Do	–	–
Fr	–	–
Sa	DL 50 Min., darin 30 Min. flottes Tempo (80–85 % maxHf)	8–9
So	90 Min. langsamer DL (70 % maxHf)	13–14

DL = Dauerlauf, % maxHf = Prozent der maximalen Herzfrequenz

Kreislaufsystem sollten Sie als Fitnessläufer anstreben, weiterhin drei bis vier Stunden in der Woche zu laufen, wofür man ungefähr jeden zweiten Tag aktiv sein sollte, und zusätzlich Dehnungs- und Kraftübungen dreimal in der Woche einzuplanen. Bei diesem Pensum tun Sie alles, was das Herz oder der Rücken für sich und seine Gesundheit begehrt. Beim Fitnesstraining ist der Weg noch das Ziel, und der Spaß und die Gesundheit stehen im Vordergrund. Wer mehr trainiert und Wettkämpfe bestreitet, wird zwar immer fitter, aber nicht zwangsläufig gesünder.

Fitnesslaufen als Basis

Die beiden Pläne auf diesen Seiten fassen noch einmal zwei wichtige Etappen aus der Lauf-Diät I zusammen. Im ersten Plan sehen Sie, wie man über acht Wochen mit langsamem Jogging und Gehpausen systematisch lernt, das Minimum von 30 Minuten am Stück zusammenhängend laufen zu können. Im zweiten Plan möchten wir Ihnen den 14-tägigen Fitnessplan wiederholen, der die Basis für ein lebenslängliches Fitnessjogging darstellen kann. Das ist je nach Körpergewicht ein Abbau von rund 2000 bis 3000 Kilokalorien pro Woche. Hinzu kommen die Kalorien durch Gymnastik und der erhöhte Grundstoffwechsel durch Muskelaufbau. Insgesamt erreichen Sie somit sicher die gesundheitliche Vorgabe, rund 2500 Kilokalorien pro Woche durch Sport zu verbrennen. Wenn Sie nicht gerade in der Wettkampfvorbereitung sind, die Sie ab Seite 154 finden, sollten Sie diesen Zweiwochenzyklus stets wiederholen. Hinzu käme das Dehnungs- und Kräftigungsprogramm aus der Lauf-Diät I. Dort lernten Sie auch kennen, wie Sie Ihre individuellen Herzfrequenzzonen für das Training ermitteln. Vertrauen Sie nicht auf weitverbreitete und zu ungenaue Vorgaben nach »Lebensalterformeln« oder ungeprüft den Vorgaben Ihres Herzfrequenzmessers!

Die Wissensjoker

Neues aus der Forschung
Schlau macht schlank

Durch das erste Lauf-Diät-Buch wissen Sie, welche Grundausrüstung fürs Laufen sinnvoll ist. Im Wissensjoker haben wir aufgezeigt, wie groß der Anteil der einzelnen Joker am Gesamterfolg von sechs bis sieben Pfund Gewichtsabnahme pro Monat ist. Im ersten Buch haben wir Sie auch informiert, warum Ihre Fettwaage morgens einen höheren Wert anzeigt. Darüber hinaus zeigten wir, dass das Verhältnis Taillenumfang zu Hüftumfang bei Männern unter 0,90, bei Frauen unter 0,80 liegen sollte, um geschützt vor Krankheiten zu sein.

Der neue Gesundheitsgradmesser – WHtR

Eine neue Studie aus dem Jahr 2010 zeigte inzwischen auf, dass der beste Parameter zur Ermittlung eines Herzinfarktrisikos das Verhältnis von Taillenumfang zur Körpergröße ist (Waist to Height Ratio = WHtR). Bei diesem Parameter fließt zusätzlich das Alter mit ein.

$$WHtR = \frac{\text{Taillenumfang in cm}}{\text{Körperlänge in cm}}$$

Alter < 40 Risikobereich sind alle Werte über 0,5

Alter zwischen 40 und 50 Risikobereich sind alle Werte über 0,6

Alter > 50 Risikobereich sind alle Werte über 0,65

Im Lauf-Diät-Buch zeigten wir auf, dass die Fettverteilung um den Bauch herum (»Apfeltyp«) große gesundheitliche Risiken beinhaltet. Fettzellen sind Entzündungszellen. Wenn die Fettzellen im Bereich des Bauchs sich anhäufen, dann gibt es dort ständig kleine Entzündungen. Dies hat zur Folge, dass die Organe im Bereich des Bauchs und der Brust ständig mit erhöhten Entzündungsreaktionen konfrontiert sind. Die mögliche Folge: Herzinfarkt, Krebs, Leberversagen, Diabetes u. v. m.

Die Wirkung von Gemüse, Salat und Obst verdoppeln

Im Labor haben die Wirkstoffe aus Gemüse, Salat, Obst oder grünem Tee immer eine hohe entzündungssenkende Wirkung: Krebszellen sterben ab, Zellen sind vor Giften und Entzündungsstoffen geschützt und überleben. Kritiker führen an, dass die pflanzlichen Wirkstoffe im Körper nicht so lange wirksam sind, da sie dort relativ schnell wieder abgebaut, umgebaut und ausgeschieden werden.

Für den Abbau von pflanzlichen Wirkstoffen produziert Ihr Körper bestimmte Enzyme, sogenannte Cytochrom-P450-Enzyme. Pflanzliche Stoffe wirken länger, wenn die Bildung der Cytochrome P450 blockiert wird. Inzwischen ist wissenschaftlich erwiesen, dass Zitrusfrüchte, insbesondere Grapefruits, sowie die Gewürze Kurkuma und Pfeffer die Cytochrom-P450-Enzyme blockieren können. Diesen Effekt hatten wir schon bei den Rezepten im ersten Lauf-Diät-Buch eingebaut. Jetzt im zweiten Band verwenden wir Kurkuma und Pfeffer generell etwas großzügiger.

Die Cytochrom-P450-Enzyme bauen auch Vitamine ab. Aktuell bestätigt wurde dies für das Vitamin D. Dieses Vitamin produziert der Körper selbst, wenn die Haut von der Sonne bestrahlt wird. Da in unseren nördlichen Breiten die Sonne nicht so häufig scheint und viele Menschen auch zu wenig an der frischen Luft sind, ist die zusätzliche verlängerte Vitamin-D-Wirkung durch Pfeffer, Kurkuma und Zitrusfrüchte notwendig. Sie führt zu einem stabilen Knochenbau, weniger Knorpelabbau und einem Schutz vor Entzündungskrankheiten wie Krebs, Diabetes und Herzinfarkt.

Zimt – das Gewürz der Superlative

Beim Zimt fördern mehr als 100 Substanzen Ihre Gesundheit. Besonders hervorzuheben ist dabei das Polyphenol MHCP (Methylhydroxy-Chalcone-Polymer), das direkt an den Insulinrezeptoren wirkt und den Blutzucker senkt. Dadurch braucht der Körper weniger Insulin zu bilden. Da Insulin ein Dickmacherhormon ist, macht Zimt eine gute Figur. Darüber hinaus verbessert Zimt den Blutfettspiegel, indem er erhöhte Triglyzerid- und LDL-Cholesterin- sowie Gesamtcholesterinwerte senkt. Außerdem regt Zimt den Kreislauf an, schützt die Blutgefäße und senkt einen erhöhten Blutdruck.

Um den Effekt zu nutzen, sollten Sie täglich mindestens ein Gramm Zimt zu sich nehmen. Dies entspricht ca. einem Viertel Teelöffel. In den Rezepten der Lauf-Diät arbeiten wir deshalb mit Zimt großzügig.

Warnungen sind unbegründet

Mit der Zimtwarnung steht Deutschland in Europa allein da. Das Bundesinstitut für Risikobewertung erlaubt immerhin pro Jahr 600 Gramm Zimt für einen Erwachsenen. Dies entspricht 1,6 Gramm oder einem halben Teelöffel Zimt pro Tag. Ein halber Teelöffel Zimt ist also selbst nach deutscher Behördenmeinung sicher.

Hintergrund der Warnung ist die Stoffklasse der Cumarine. Bei Arzneimitteln wurde nachgewiesen, dass Cumarin die Leber schädigen kann. Da sich Cumarine aus Zimt und Arzneimitteln unterscheiden, können die Nebenwirkungen der cumarinhaltigen Arzneimittel nicht auf Zimt übertragen werden. Es gibt nicht eine Studie, die dem Zimt eine schädigende Wirkung nachgewiesen hat.

Die Motivationsjoker

Laufend genießen
Schlanker, fitter, glücklicher!

Motivation, die Lauf-Diät zu machen, kommt durch das gute Gefühl, das Mehr an Lebensfreude und durch den Erfolg, langfristig seinen überflüssigen Pfunden davonzulaufen. Durch die vielen Beeren, Kräuter und Gewürze in unseren Rezepten leitet der Körper eingelagerte Pflanzenschutzmittelrückstände besser aus, während cysteinhaltige Lebensmittel wie Fisch, Käse, Brokkoli, Spinat und Hülsenfrüchte vermehrt Schwermetalle ausleiten können. Auf diese Lebensmittel setzen wir deshalb verstärkt in diesem Buch. Zusammen mit einem vernünftigen Lauf- und Krafttraining ein unschlagbares Doppel, um eine gute Figur zu machen!

Schokolade und Kaffee – Genussmittel neu entdeckt

Schokolade und Kaffee haben wir schon im ersten Band der Lauf-Diät eingesetzt, da beide das Stoffwechselfeuer kräftig ankurbeln. Im zweiten Band arbeiten wir besonders viel mit dem Wirkstoff aus der Schokolade, dem Kakao, da er noch viel mehr kann. Gönnen Sie sich hiervon lieber mehr als zu wenig.

Mehr Vergnügen und Lust durch Schokolade

Schokolade oder genauer gesagt der Kakaorohstoff darin erhöht Ihr Dopaminlevel. Verantwortlich dafür ist der Inhaltsstoff »Salsolinol«. Dopamin ist ein Botenstoff, der Ihre Wahrnehmung positiv beeinflusst.

Durch mehr Dopamin werden Sie viel mehr Freude, Lust, Motivation, Antrieb, Vergnügen und Begeisterung verspüren. Ein wichtiger Baustein also, um glücklich zu sein. Wenn Dopamin dagegen fehlt, machen wir keinen Finger krumm, alles wird uns schnell zu viel.

Die besten Strategien für mehr »Dope« im Gehirn

Dunkle Schokolade ist grundsätzlich besser als Milchschokolade. Denn diese normale Schokolade besteht hauptsächlich aus Zucker und wenig Kakao (im Durchschnitt nur etwa 30 %). Daher sollten Sie eher zu dunkler Schokolade greifen. Wählen Sie solche mit mindestens 70 % Kakaobestandteilen. Und freuen Sie sich auf unsere Nachtische mit Kakaopulver – das ist »Dope« pur für Ihr Gehirn.

Eine noch bessere Alternative ist »Dr.-Feil-Feuerschokolade«. Hier ist nicht nur der Kakaoanteil hoch, sondern auch der Gewürzanteil. Damit haben Sie Ihre tägliche Portion Gewürze schon aufgenommen.

Feuerschokolade nach Dr. Feil

1 Tasse Milch, Wasser, Reis- oder Hafermilch erhitzen. 2 bis 3 Teelöffel Kakaopulver, 1 bis 2 Teelöffel Honig, ½ Teelöffel Zimtpulver, 1 Prise Pfeffer und Chilipulver einrühren. Fertig.

Wenn Sie Wasser, Reis- oder Hafermilch verwenden, kann der Körper mehr Antioxidanzien und Polyphenole des Kakaos resorbieren. Bei der Milch wird ein Teil dieser Stoffe durch den Kaseingehalt der Kuhmilch gebunden.

Kakao schützt vor Krankheiten

Kakao schützt auch Ihr Herz, senkt Entzündungen und einen hohen Blutdruck. Außerdem beugt er Blutgerinnseln vor, schützt also vor einer Thrombose.

Übrigens: Kakao zählt zu den Lebensmitteln, die am stärksten gespritzt werden. Deshalb empfehlen wir Ihnen, Ihr Kakaopulver und Ihre Bitterschokolade im Bioladen zu kaufen.

Kaffee aktiviert

Kaffee ist ein Stoffwechselaktivator. Jahrelang hatte er zu Unrecht einen schlechten Ruf. Man meinte, Kaffee würde entwässern. Bei regelmäßigem Kaffeekonsum gibt es keine entwässernde Wirkung, da der Körper an den Kaffee gewöhnt ist.

Kaffee macht basisch – die Mär von der Säurebildung

Werden Indikatorpapiere in den Urinstrahl gehalten, dann kann man nach dem Genuss von Kaffee erkennen, dass der Urin saurer geworden ist. Daraus wurde vorschnell gefolgert, dass Kaffee eine saure Stoffwechsellage verursacht. Physiologisch ist jedoch genau das Gegenteil der Fall: Durch den Kaffeekonsum gelingt es dem Körper, vermehrt Säure auszuscheiden. Kaffee ist somit wie der grüne Tee ein wertvoller Basenspender.

Schutz vor Alzheimer und Krebs

Wir empfehlen, täglich zwei bis vier Tassen Kaffee und unbegrenzt grünen Tee zu trinken, weil diese Getränke vor Alzheimer schützen. Bei grünem Tee hat man die Wirkung am Inhaltsstoff EGCG (Epigallocatechin-3-gallate) festmachen können – welcher Stoff diese Anti-Alzheimer-Wirkung beim Kaffee hat, ist noch nicht bekannt. Schutzeffekte wurden für beide Getränke auch vor Brust-, Blasen-, Nieren-, Darm- und Leberkrebs sowie Altersdiabetes aufgezeigt. Speziell für Kaffee wurde auch ein harnsäuresenkender Effekt nachgewiesen. Dieser Effekt ist nicht an Koffein gebunden. Grüner Tee zeigt diesen harnsäuresenkenden Effekt leider nicht.

Kaffee braucht Koffein

Eine aktuelle niederländische Studie aus dem Jahr 2010 bestätigt Kaffeetrinkern mit zwei bis vier Tassen pro Tag einen Schutz vor Herzinfarkt. Fünf Jahre davor konnte in einer groß angelegten amerikanischen Studie bereits gezeigt werden, dass koffeinhaltiger Kaffee keine negative Wirkung auf Blutdruck, Pulsfrequenz, Blutzuckerspiegel und Cholesterinwerte hatte. Dagegen stiegen bei der Gruppe, die entkoffeinierten Kaffee getrunken hatte, die Risikofaktoren für Arteriosklerose an. Dies bedeutet, dass generell koffeinhaltiger Kaffee getrunken werden sollte.

Zu viel Koffein schadet jedoch auch: Es erhöht die Nervosität und bewirkt einen Kalziumverlust über den Urin. Koffeinkapseln sind abzulehnen, da hier die wertvollen Kaffeewirkstoffe fehlen.

Bei Risikofaktoren – Kaffeefilter benutzen

Wenn Risikofaktoren für eine Herzerkrankung vorliegen, könnten Filterkaffee bzw. Kaffeepads besser geeignet sein, da sogenannte Diterpene aus dem Kaffee herausgefiltert werden. Diese können vorgeschädigte Blutgefäße belasten. Gesunde können dagegen auch ungefilterten diterpenhaltigen Kaffee ohne Risiken trinken. Tipp für Personen mit Herzerkrankungen: Durch die Lauf-Diät werden Blutgefäße und Herz mit der Zeit fitter – ungefilterter Kaffee ist dann für alle passend.

Training planen bringt Erfolge

Wenn Sie Ihre Ausdauer verbessern und dabei Fett verbrennen möchten, muss Ihre sportliche Belastungsintensität eine bestimmte Reizschwelle überschreiten, um eine Leistungsverbesserung hervorzurufen, sie darf aber keinesfalls zu hart sein. Idealerweise liegt sie also im grünen oder aeroben Bereich. Die Dauer sollte mindestens 30 Minuten pro Einheit betragen, damit Sie auch genügend Fett verbrennen.

Belastung, Erholung und Geduld

Nur regelmäßige, ganzjährig durchgeführte Bewegung mit ausreichenden Erholungsphasen führt zum Erfolg. Der Trainingseffekt stellt sich sonst nicht ein. Aber: Wer regelmäßig und vernünftig geplant trainiert, hat auch garantiert Abnehmerfolge. Im Laufe des Trainings werden außerdem schnellere Einheiten eingestreut – dadurch verbrennen Sie noch mehr Fett.

So läuft es gut weiter

Im ersten Band unserer Lauf-Diät haben Sie eine bewährte Trainingsanleitung für drei Belastungsstufen erhalten: Einstieg ins Walking, vom Walker zum Jogger, vom Einsteiger zum Fitnessläufer. Ebenso waren die besten Übungen für die Kräftigung Ihrer Muskeln dargestellt.

So wirkt moderates Laufen auf den Körper

System	Wirkung
Herz	Volumenzunahme, Senkung von Ruhe- und Arbeitspuls
Blutgefäße, Kreislauf	Bessere Durchblutung der Herzkranzgefäße, mehr feinste Haargefäße in den Geweben, dadurch bessere Sauerstoff- und Nährstoffzufuhr, bessere Temperaturregulation; höhere Elastizität der Gefäße, dadurch geringeres Thrombose- und Arterioskleroserisiko, Senkung des Blutdrucks, geringere Wetterfühligkeit
Blut	Senkung des schädlichen LDL-Cholesterins und der Triglyzeride, Erhöhung des schützenden HDL-Cholesterins, verbesserte Regulation des Blutzuckerspiegels, höhere Pufferkapazität, verbesserte Fließeigenschaften, Zunahme des Blutvolumens
Hormone	Schnellerer Abbau der Stresshormone Adrenalin, Noradrenalin und Kortisol, Freisetzung von natürlichen körpereigenen Opiaten (Endorphine) und des Glückshormons Serotonin, höherer Spiegel der aufbauenden (anabolen) und jung erhaltenden Hormone wie Testosteron und Wachstumshormon
Immunsystem	Verbesserte Infektabwehr, weniger Erkältungen, Abhärtung durch Wind und Wetter in der freien Natur, bei Sonne Vitamin-D-Produktion
Darm	Weniger Darmträgheit, Verstopfung und Darmblutungen
Lunge	Vermehrte Kapillarisierung (Durchsetzung mit Haargefäßen), bessere Sauerstoffausnutzung und Atemökonomie, weniger starke Asthmaanfälle
Muskeln	Straffung, erhöhte Ausdauerleistungsfähigkeit, verbesserte muskuläre Balance, größere Energie- und Sauerstoffspeicher (Myoglobin), verbesserter Fettstoffwechsel
Skelett	Höhere Dichte und Festigkeit der Knochen, weniger Rückenbeschwerden
Gelenke	Verbesserte Beweglichkeit, besser mit Gelenksflüssigkeit geschmiert, verlangsamte Degeneration

Freuen Sie sich jetzt im zweiten Band auf die durchdachten neuen Trainingspläne von Herbert Steffny ab Seite 163. Damit können Sie sich auf einen Weg voller Freude für Ihren ersten Fünf- oder Zehn-Kilometer-Lauf machen.

Die Dehnungsübungen bleiben die gleichen wie im ersten Lauf-Diät-Buch, da diese einfach und gut auszuüben sind, außerdem bestens funktionieren. Hinzu kommt ein Kräftigungsprogramm in zwei Schwierigkeitsstufen ab Seite 174 – für einen knackigen Körper und einen hohen Kalorienverbrauch. Fangen Sie mit der leichten Übung an und steigern Sie sich dann auf Stufe zwei, der HIIT-Variante.

Die
Realisierungsjoker

Das bringt Power
Die richtigen Lebensmittel

Jetzt geht es wieder richtig los! Damit Sie die neuen Rezepte unserer Stoffwechseloffensive nachkochen und problemlos in Ihre tägliche Ernährung einbauen können, sollten Sie zunächst einmal sehr sorgfältig einkaufen gehen: Folgende Lebensmittel sollten ab sofort zur Standardausstattung Ihrer Küche gehören.

Frische Kräuter

Da bei den meisten unserer Lauf-Diät-Rezepte frische Kräuter eingesetzt werden, empfehlen wir Ihnen, einige Kräuter im Topf auf dem Balkon oder auf dem Fensterbrett bereitzuhalten. Damit es schnell geht, besorgen Sie sich fertig vorgezogene Topfpflanzen, am besten pro Sorte gleich zwei, damit Sie kontinuierlich ernten können (bei Rosmarin und Salbei reicht jeweils ein Topf).

Bevorzugen Sie unbedingt die frischen Kräuter, aber Tiefkühlware bzw. getrocknete Kräuter sind immer noch besser, als keine Kräuter einzusetzen.

Diese frischen Kräuter sollten Sie zu Hause griffbereit haben:
▶ Schnittlauch
▶ Petersilie
▶ Basilikum
▶ Oregano
▶ Rosmarin
▶ Salbei
▶ Minze
▶ Maggikraut

Gewürze und getrocknete Kräuter

▶ Pfeffer aus der Mühle
▶ Chilipulver
▶ Chilischoten getrocknet in Form kleiner Schoten (ca. fünf Millimeter lang)
▶ Fenchel- und Kümmelsamen
▶ Zimtpulver
▶ Kurkumapulver
▶ Frische Ingwerwurzel
▶ Meerrettich (in der Tube oder im Glas; möglichst kein Sahnemeerrettich)
▶ Senf (scharf oder mittelscharf)
▶ Dill (getrocknet oder frisch)
▶ Kräutermischungen: Scharfmachergewürz und Blütenmischung (aus dem Bioladen), italienische Kräuter, Asiagewürzmischung
▶ Kumin (Kreuzkümmel)

Gemüse

▶ Zwiebeln
▶ Knoblauch
▶ 2 Schalen frische Sojakeimlinge
▶ Als Tiefkühlkost: Erbsen * und Mais *

Hochwertige Pflanzenöle und Fette

(möglichst kalt gepresst bzw. aus biologischem Anbau)

▸ Olivenöl extra vergine aus erster Pressung
▸ Rapsöl
▸ Speiseleinöl
▸ Bratöl mit Buttergeschmack (siehe Bezugsquellen Seite 189)
▸ Sauerrahmbutter (diese enthält im Vergleich zur Süßrahmbutter zusätzlich Laktobakterien für eine gesunde Darmflora. Unser Tipp: Wiegen Sie beim Frühstück anfänglich die Buttermengen ab, damit Sie Ihr Gefühl für die Menge trainieren.)

Obst

▸ Bananen
▸ Himbeeren *
▸ Erdbeeren *
▸ Heidelbeeren *
▸ Waldbeerenmix *
▸ Datteln
▸ Getrocknete Pflaumen

* Tiefkühlkost wird erntefrisch eingefroren. Beim Einfrieren gehen fast keine Nährstoffe verloren. Tiefgekühlte Beeren, Erbsen oder Maiskörner enthalten deshalb mehr Nährstoffe als Obst und Gemüse, das einige Tage im Laden oder bei Ihnen zu Hause gelagert wurde. Somit steht bei Tiefkühlkost Ihrer Stoffwechseloffensive alles zur Verfügung, was Sie von der Natur brauchen.

Frische Kräuter verleihen den Gerichten nicht nur einen besonderen Pfiff, sondern kurbeln auch den Stoffwechsel langanhaltend an.

Eiweiß- und Vitalstoffspender

▸ Tofu und Seidentofu
▸ Buttermilch
▸ Weizenkeime
▸ Walnüsse
▸ Vollkornhaferflocken
▸ Hefeflocken
▸ Kakaopulver, entölt
▸ Magerquark
▸ Milch (1,5 % Fettgehalt)
▸ Naturjoghurt (3,5 % Fettgehalt)
▸ Mandelmehl (siehe Bezugsquellen Seite 189)
▸ Erdnussbutter
▸ Frische Keimlinge (sollten Sie immer über die Salate streuen – sind nicht extra in den Rezepten aufgeführt)

Kohlenhydratspender

▸ Vollkornroggenbrot aus Natursauerteig
▸ Reiswaffeln
▸ Fruchtsauce Sanddorn-Orange
▸ Vollkorntoast (mit Natursauerteig)
▸ Orangensaft
▸ Quinoa
▸ Vollkorncouscous instant
▸ Honig (möglichst direkt vom Imker)
▸ Marmelade (mit mehr als 60 % Fruchtanteil)

Für Naschkatzen

▸ Schokolade, einzeln abgepackt in kleinen Stücken, mit einem Kakaoanteil von mehr als 60 % – das sind echte Wirkstoffbringer, im Gegensatz zur normalen Zuckerschokolade
▸ Nuss-Nougat-Aufstriche (ohne gehärtete Pflanzenöle; unser Tipp: Verdoppeln Sie die Wirkung der Kakaobestandteile des Nuss-Nougat-Aufstrichs, indem Sie etwas frisch gemahlenen Pfeffer auf Ihr Nuss-Nougat-Brot streuen. Auch dünne Ingwerscheibchen und einige Chiliflocken machen daraus einen leckeren und lange wirksamen Stoffwechselaktivator.)

Milchersatzprodukte
(z. B. bei Laktoseintoleranz)

▸ Sojamilch (natur)
▸ Reismilch (natur)
▸ Hafermilch (natur)

Weitere Lebensmittel für Ihre Stoffwechseloffensive

▸ Jodsalz
▸ Meersalz
▸ Grüntee
▸ Brennnesseltee
▸ Kaffee bzw. Espresso

Außerdem

Bei der Stoffwechseloffensive gibt es viele aktivierende Frühstücksdrinks. Für deren Zubereitung benötigen Sie einen guten Mixer (Blender). Wenn Sie noch keinen haben sollten – diese Anschaffung wird sich lohnen!

Stoffwechseloffensive
Zackige Rezepte

Wir haben Ihnen hier vier vollständige Wochen mit stoffwechsel-aktivierenden Mahlzeiten zusammengestellt. Diesen Plan können Sie beliebig oft wiederholen – Sie erreichen damit nicht nur Ihre Traum-figur, sondern haben auch unbändige Energie und Vitalität. Nebenbei sind Sie geschützt vor Krankheiten oder Sie erholen sich danach viel schneller.

Wer mittags wenig Zeit zum Kochen hat, der kann die entsprechenden Gerichte auch abends vorbereiten oder nur gezielt solche Rezepte aussuchen, die besonders schnell gehen. Hier können Sie auch auf die Rezepte aus dem ersten Buch zur Lauf-Diät zurückgreifen.

Wenn Sie eigene Lieblingsrezepte nach Abschluss der vier Wochen einbauen wollen, dann können Sie Ihre Rezepte in unseren Lauf-Diät-Rechner im Internet eingeben und so lange abändern, bis Ihr Rezept den Anforderungen der Stoffwechseloffensive genügt (www.abnehmen.fm).

Wichtige Spielregeln

▸ Wie in der Lauf-Diät I beschrieben, ist ein aktivierendes Frühstück absolut unerlässlich, damit Ihr Stoffwechsel richtig in Schwung kommt. In der Frühstücksbilanz im Kochbuch zur Lauf-Diät ist immer ein großer Cappuccino oder Milchkaffee eingerechnet. Wenn Sie morgens keinen Cappuccino oder Milchkaffee wollen, da Sie Teetrinker sind, dann sollten Sie die Milchmenge dem Drink zugeben. So gönnen Sie sich das volle Aktivierungs- und Sättigungspotenzial der Milch.

▸ Verzichten sollten Sie auch nicht auf die Beilagen zum Frühstück – die Beilagen sind abgestimmt auf den Drink: Wenn die Beilagen z. B. Käse enthalten, dann ist der Drink eiweißärmer – wenn auf der anderen Seite ein Honig- oder Marmeladenbrot als Beilage aufgeführt ist, dann ist der Drink eiweißhaltiger. Alles ist somit in der Balance.

▸ Bei den Frühstücksdrinks haben wir immer Kurkuma und Speiseleinöl eingebaut. Ein Großteil der Kurkumawirkstoffe ist fettlöslich – Ihr Körper kann also mehr aufschließen, wenn Sie den Teelöffel Kurkuma immer zunächst in einer kleinen Tasse mit zwei Teelöffeln Speiseleinöl auflösen.

▸ Wenn Sie sich morgens an den Wochentagen wenig Zeit fürs Frühstück nehmen wollen, dann können Sie die Frühstücks-drinks auch abends vorbereiten. So können Sie immer morgens ganz entspannt und ohne Hektik ein schnelles, hochwertiges und aktivierendes Frühstück zu sich nehmen.

▸ Die Mittags- und Abendmahlzeiten sollten Sie nicht tauschen. Die Mahlzeiten sind so zusammengestellt, dass Sie abends deutlich weniger Kohlenhydrate zu sich nehmen. Dadurch werden Sie die überflüssigen Bauchringe schneller los. Möglichkeiten, wie Sie die abendlichen Kohlenhydrate nochmals verringern können, sind in den Rezepten immer aufgeführt, wenn dies von der Rezeptur her einfach zu gestalten ist. Dies ist markiert mit »Turboversion«.

▸ Die Rezepte sind in der Regel für zwei Personen konzipiert. Bei Auflauf-, Kuchen- bzw. Blechrezepten sind es pro Rezeptur vier oder sechs Portionen. Wenn Sie nur zwei Personen sind, haben Sie schon für den nächsten Abend vorgekocht, können weitere Portionen einfrieren oder jemandem eine Freude machen.

▸ Falls einmal der Hunger größer ist als die Mahlzeit, dann gönnen Sie sich einfach noch ein Glas Gemüse- oder Tomatensaft oder eine Gemüsebrühe mit frischen Kräutern.

▸ Wenn sich zwischendurch der kleine Hunger bei Ihnen meldet, greifen Sie zu Essiggurken. Auch frische Gemüseteilchen wie Tomaten- oder Gurkenstücke können Sie immer essen.

▸ Sie haben immer zu Hause: Vollkornroggenbrot (auf Sauerteigbasis) und eine Packung Vollkorntoast (mit Sauerteig). Hier können Sie abwechseln oder kombinieren.

▸ Zwischen den Mahlzeiten trinken Sie bitte ausreichend – mindestens jeweils einen halben Liter in Form von Wasser, ungesüßtem Grüntee, Brennnesseltee oder Kaffee. Auch Saftschorle (Mischungsverhältnis Wasser : Saft = 3 : 1) oder Gemüsebrühe sind gut.

▸ Generell sollten Sie vor jeder Mahlzeit zwei Gläser stilles Mineral- oder Ingwerwasser trinken. Legen Sie hierfür einfach fünf Ingwerscheiben und ein Stückchen Zitrone oder Orange in Ihr Glas – das bringt die notwendige Aktivierung.

▸ Auf Obst als Zwischenmahlzeit sollten Sie verzichten – Obst haben wir in den Hauptmahlzeiten eingebaut. Außerhalb der Hauptmahlzeiten erhöht Obst Ihren Heißhunger, und die Erfolge der Stoffwechseloffensive werden geschmälert.

▸ Sie können in jeder Woche mit Freude und gutem Gewissen auch mal sündigen: Kleinere Sünden sind eingerechnet und verringern Ihren Erfolg nicht.

▸ Wenn Sie in einem Restaurant essen, essen Sie als ersten Gang immer einen Salat und benutzen Sie die Pfeffermühle extra. Ihr Körper freut sich auf die Wirkstoffkombination aus Salat und Pfeffer.

▸ Alle wichtigen Infos zu den Bewegungsplänen und zum Kräftigungsprogramm finden Sie ab Seite 154.

Tag 1 – Montag

Voller Energie durch Woche 1

Wer im Leben kein Ziel hat, verläuft sich. (Abraham Lincoln)

Ziele sind der Wegweiser durch Ihr Leben. Ziele müssen klar, messbar, realistisch und motivierend sein. Überlegen Sie, was Sie mit der Stoffwechseloffensive durch die Lauf-Diät erreichen wollen. Damit Ihre Muskeln leistungsfähig werden und mehr Fett verbrennen können, fangen Sie heute gleich mit Kräftigungsübungen an (siehe Seite 174f.).

Frühstück

Himbeer-Banane-Drink mit Buttermilch

Für 2 Personen
250 ml Buttermilch
100 ml Orangensaft
1 reife Banane
100 g Himbeeren
25 g Ingwerwurzel
2 EL Weizenkeime
1 TL Zimtpulver
1 Prise Chilipulver
1 Prise Pfeffer aus der Mühle
1 EL Mandelmehl
1 EL Fruchtsauce
50 g Tofu
2 TL Speiseleinöl
1 TL Kurkuma

Zubereitungszeit: ca. 10 Minuten

1 Zutaten in der genannten Reihenfolge bis auf Speiseleinöl und Kurkuma in einen Mixer (Blender) geben.

2 Speiseleinöl und Kurkuma in eine kleine Tasse geben, glatt rühren und in den Mixer geben. Alles 2 bis 3 Minuten gut durchmixen.

Tipp 1 Als zweiten Gang gibt es 2 Brezen (alternativ 2 bis 3 Scheiben Vollkornbrot bzw. -brötchen) mit 20 Gramm Butter.

Tipp 2 Als dritten Gang gibt es 200 Milliliter Milch (1,5 % Fett) für den Milchkaffee bzw. Cappuccino oder den Drink.

Nährwerte pro Person
600 kcal, Kohlenhydratanteil 50 %, Eiweiß 16 %, Fett 34 %

Mittagessen
Rohkost-Reissalat mit Ei

1 Den Vollkornreis nach Packungsanleitung kochen, bis er weich ist.

2 Frühlingszwiebeln, Karotten, Paprika, Radieschen, Eier und Rucola in kleine Stücke schneiden.

3 Knoblauch abziehen, fein hacken und mit den restlichen Zutaten für die Salatsauce zusammenmischen.

4 Das Gemüse unter den Reis heben und die Salatsauce dazumischen.

Tipp 1 Dieses Rezept können Sie mit jeglichem frischem Gemüse der Saison variieren. Ihrer Fantasie und Ihren Geschmacksvorlieben sind dabei keine Grenzen gesetzt.

Tipp 2 Dieser Reissalat schmeckt sowohl lauwarm als auch kalt. Er ist außerdem optimal zum Mitnehmen ins Büro geeignet.

Tipp 3 Als Nachtisch gibt es 2 Kugeln Vanilleeis pro Person.

Nährwerte pro Person
517 kcal, Kohlenhydratanteil 47 %, Eiweiß 14 %, Fett 39 %

Für 2 Personen

100 g Vollkornreis

½ Bund Frühlingszwiebeln

2 Karotten

1 Paprika

6 Radieschen

3 Eier (hartgekocht)

80 g Rucola

Für die Salatsauce

1 Knoblauchzehe

1 EL Senf

1 TL Meerrettich

1 EL Würzhefe

1 TL Honig

Salz, Pfeffer aus der Mühle

1 EL Kresse

3 EL Olivenöl

3 EL Essig

Zubereitungszeit: ca. 40 Minuten

Abendessen
Penne Arrabbiata mit Thunfisch und Feta

Für 2 Personen

100 g Penne

1 mittelgroße Zwiebel in kleinen Würfeln

1–2 EL Olivenöl

400 g Tomaten, klein geschnitten

180 g Thunfisch aus der Dose, zerkleinert

Saft von ½ Limette

70 g schwarze Oliven

1 Knoblauchzehe, durchgepresst

1 kleine Chilischote, fein gehackt

Pfeffer aus der Mühle, Salz

2 EL Würzhefe

Frisches Basilikum, gehackt

40 g Fetakäse, zerbröckelt

Zubereitungszeit: ca. 30 Minuten

Für das Dessert (18 Portionen)

150 g Datteln

400 ml Kokosnussmilch

50 g Kakaopulver

75 g Honig

240 g Mandelmehl

200 g Seidentofu

75 g Honig

35 g Kakaopulver

2 TL Zimtpulver

Zubereitungszeit: ca. 50 Minuten

1 Die Nudeln nach Packungsanleitung kochen.

2 Die Zwiebel im heißen Olivenöl goldgelb anbraten. Tomaten dazugeben und alles 5 Minuten leicht köcheln lassen.

3 Thunfisch und Limettensaft zur Tomatensauce hinzugeben. Oliven, Knoblauch und Chilischote untermischen und alles mit Pfeffer, Salz und Würzhefe abschmecken. Gut umrühren und unter die Nudeln mischen. Vor dem Servieren mit Basilikum und Fetakäse bestreuen.

Turboversion Nur 50 Gramm Penne, dafür aber 200 Gramm Thunfisch verwenden.

Dessert
Schokoladenbrownies

1 Die Datteln mit 100 Millilitern Wasser in einen Topf geben und in ca. 5 Minuten weich kochen. Die Masse zu einem klebrigen Brei zerdrücken. Dattelbrei in eine große Schüssel geben, Kokosnussmilch, Kakaopulver und Honig hinzufügen, mit einem Handrührgerät gut durchrühren und Mandelmehl unterheben. Den Teig in eine viereckige Backform verteilen und bei 180 bis 200 °C ca. 30 Minuten backen.

2 Für die Glasur Tofu, Honig, Kakao und Zimt in ein Mixgerät geben und ca. 3 Minuten cremig rühren. Kuchen gut abkühlen lassen, mit der Schokomasse bestreichen und in 6 mal 6 Stücke schneiden.

Tipp Pro Person können Sie 2 Schokoladenbrownies und 1 Espresso servieren.

Nährwerte pro Person
807 kcal, Kohlenhydratanteil 33 %, Eiweiß 23 %, Fett 44 %

Tag 2 – Dienstag

Voller Energie durch Woche 1

Konzentration ist das Geheimnis der Stärke. (Ralph Waldo Emerson)

Behalten Sie Ihre Lebensziele immer im Blick. Hängen Sie Ihre Ziele und auch Visionsbilder auf, wie Sie sich und Ihre Zukunft sehen. Wenn Sie sich auf diese Visionen konzentrieren, werden Sie Erfolg haben.

Frühstück

Heidelbeer-Banane-Drink mit Reismilch

Für 2 Personen
250 ml Reismilch
100 ml Orangensaft
100 g Banane
100 g Heidelbeeren
25 g Ingwerwurzel
1 TL Zimtpulver
1 Prise Chilipulver
1 Prise Pfeffer aus der Mühle
1 EL Mandelmehl
1 EL Fruchtsauce
50 g Tofu
2 TL Speiseleinöl
1 TL Kurkuma

Zubereitungszeit: ca. 10 Minuten

1 Zutaten in der genannten Reihenfolge bis auf Speiseleinöl und Kurkuma in einen Mixer (Blender) geben.

2 Speiseleinöl und Kurkuma in eine kleine Tasse geben, glatt rühren und in den Mixer geben. Alles 2 bis 3 Minuten gut durchmixen.

Tipp 1 Als zweiten Gang gibt es 150 Gramm Vollkornbrot mit 10 Gramm Butter und 70 Gramm Käse (z. B. Emmentaler, 45 % Fettgehalt).

Tipp 2 Als dritten Gang gibt es 200 Milliliter Milch (1,5 % Fett) für den Milchkaffee bzw. Cappuccino oder den Drink.

Nährwerte pro Person
630 kcal, Kohlenhydratanteil 48 %, Eiweiß 17 %, Fett 35 %

Mittagessen
Hähnchentagine

1 Zwiebel abziehen und klein schneiden. Olivenöl bei mittlerer Hitze in einem Topf erwärmen, die Zwiebel darin goldgelb anbraten.

2 Durchgepressten Knoblauch, Gewürze und das klein gewürfelte Hähnchenfleisch hinzugeben. Nach 2 bis 3 Minuten unter ständigem Rühren kommen Karotten, Kürbis, Oliven, getrocknete Pflaumen bzw. Datteln und die Gemüsebrühe hinzu.

3 Das Ganze zum Kochen bringen, dann die Hitze reduzieren. Tagine zugedeckt ca. 20 Minuten vor sich hinköcheln lassen. Mit frisch gehackter Petersilie servieren.

Tipp 1 Datteln machen die Tagine etwas süßer. Pflaumen sind etwas weniger süß. Auch eine Mischung von Pflaumen und Datteln schmeckt sehr lecker.

Tipp 2 Zwiebeln und Knoblauch nach dem Schneiden bzw. Durchpressen immer 5 Minuten stehen lassen. Die stoffwechselaktivierenden Wirkstoffe potenzieren sich dadurch.

Nährwerte pro Person
792 kcal, Kohlenhydratanteil 46 %, Eiweiß 17 %, Fett 37 %

Für 2 Personen

1 mittelgroße Zwiebel

1 EL Olivenöl

1 Knoblauchzehe, durchgepresst

½ TL Paprikapulver

1 TL Kumin

1 TL frischer Ingwer, klein geschnitten

Salz, Pfeffer aus der Mühle

1 TL Kurkuma

200 g Hähnchenbrustfilet

2 Karotten, geschält und in grobe Ringe geschnitten

½ kleiner Kürbis, geschält und in grobe Stücke geschnitten

100 g Kalamata-Oliven

100 g getrocknete Pflaumen oder Datteln, halbiert oder geviertelt

300–400 ml Gemüsebrühe

1 Bund frische Petersilie, gehackt

Zubereitungszeit: ca. 40 Minuten

Abendessen
Gemüseauflauf mit Parmesan

Für 2 Personen

500 g Karotten
100 g Kohlrabi
150 g Erbsen
3 Eier
250 ml Milch (1,5 % Fett)
Pfeffer aus der Mühle, Salz
50 g Kräutermischung
Scharfmachergewürz
50 g Parmesan (32 % Fett)

Zubereitungszeit: ca. 30 Minuten

1 Karotten putzen, in ½ Zentimeter dicke Ringe schneiden, Kohlrabi schälen, in Würfel schneiden. Beides ca. 15 Minuten dämpfen. Mit den Erbsen in eine feuerfeste Form geben.

2 Die Eier mit der Milch, Pfeffer, Salz, Kräutermischung und Scharfmachergewürz verquirlen, über das Gemüse geben. Den geriebenen Parmesan darüberstreuen und den Auflauf im vorgeheizten Backofen für 10 bis 15 Minuten bei 180 °C überbacken.

Tipp Als Dessert servieren Sie Trauben mit etwas Pecorino oder 2 Schokobrownies vom Vortag und Espresso.

Nährwerte pro Person
658 kcal, Kohlenhydratanteil 38 %, Eiweiß 25 %, Fett 37 %

Tag 3 – Mittwoch
Voller Energie durch Woche 1

Der Mensch besitzt nichts Edleres und Kostbareres als die Zeit.
(Ludwig van Beethoven)

Zeit gewinnen wir, wenn wir uns auf das Wesentliche konzentrieren: gutes Miteinander, Ernährung, positive Gedanken und Bewegung bzw. Muskelkräftigung (siehe Seite 174f.). Freuen Sie sich heute auf die leckeren Rezepte mit Kakao. Das ist Anti-Aging pur, und Sie werden sich durch die Kakaowirkstoffe rundum zufrieden und wohlig fühlen.

Frühstück
Schoko-Banane-Drink

1 Zutaten in der genannten Reihenfolge bis auf Speiseleinöl und Kurkuma in einen Mixer (Blender) geben.

2 Speiseleinöl und Kurkuma in eine kleine Tasse geben, glatt rühren und in den Mixer geben. Alles 2 bis 3 Minuten gut durchmixen.

Tipp 1 Als zweiten Gang gibt es 100 Gramm Vollkornbrot mit 20 Gramm Butter und 50 Gramm Marmelade oder Honig (eventuell mit Ingwerscheiben belegt).

Tipp 2 Als dritten Gang gibt es 200 Milliliter Milch (1,5 % Fett) für den Milchkaffee bzw. Cappuccino oder den Drink.

Für 2 Personen

250 ml Reismilch
100 ml Orangensaft
100 g Banane
2 TL Kakaopulver
25 g Ingwerwurzel
2 EL Weizenkeime
1 TL Zimtpulver
1 Prise Chilipulver
1 Prise Pfeffer aus der Mühle
1 EL Mandelmehl
1 EL Fruchtsauce
70 g Tofu
2 TL Speiseleinöl
1 TL Kurkuma

Zubereitungszeit: ca. 10 Minuten

Nährwerte pro Person
600 kcal, Kohlenhydratanteil 53 %, Eiweiß 15 %, Fett 32 %

Mittagessen
Gefüllte Kräuterpfannkuchen

Für 2 Personen

2 Eier

250 ml Milch (1,5 % Fett)

100 g Mehl (Type 1050)

1 TL Backpulver

1 Bund frische Kräuter, gehackt

2 Frühlingszwiebeln

3–4 mittelgroße Tomaten

50 g Fetakäse

2 EL Würzhefe

Salz, Pfeffer aus der Mühle

2 EL Oliven- oder Bratöl mit Buttergeschmack (siehe Seite 189)

Zubereitungszeit: ca. 35 Minuten

1 Eier, Milch Mehl und Backpulver zu einem Teig mischen, die gehackten Kräuter unterrühren.

2 Frühlingszwiebeln in kleine Ringe, Tomaten und Fetakäse in Würfel schneiden, zu einem Salat mischen und mit Würzhefe, Salz und Pfeffer abschmecken.

3 Eine große Bratpfanne mit ½ Esslöffel Öl auf mittlerer Stufe erhitzen.

4 Wenn das Öl heiß ist, 1 Schöpflöffel Teig in die Pfanne geben. Pfannkuchen wenden, wenn er goldgelb geworden ist. Insgesamt 4 Pfannkuchen mit je ½ Esslöffel Öl backen.

5 Die fertigen Pfannkuchen mit dem Salat füllen und rasch servieren.

Tipp Das Bratöl sollte nicht rauchen, da sich sonst die aktivierenden Fettsäuren umlagern und Ihre Gesundheit schädigen können.

Nährwerte pro Person
429 kcal, Kohlenhydratanteil 45 %, Eiweiß 20 %, Fett 35 %

Abendessen
Floridasalat

Für 2 Personen

160 g fettarmes Rindersteak

Pfeffer aus der Mühle

Scharfmachergewürz

Knoblauchpulver

2 EL Olivenöl

200 g Honigmelone, Papaya oder Mango

2 Tomaten

1 Paprikaschote (gelb, orange oder rot)

200 g grüner gemischter Salat

Für die Salatsauce

½ Zwiebel

1 kleine Knoblauchzehe

Saft von ½ Limette

4 EL Orangensaft

2 EL Olivenöl

1 TL Tomatenmark

1 TL Senf

Etwas Meerrettich

1 EL Würzhefe

1 TL Honig

Koriander, gehackt

Zubereitungszeit: ca. 30 Minuten

1 Das Rindfleisch in grobe Stücke schneiden, mit Pfeffer, Scharfmachergewürz und Knoblauch würzen. Olivenöl auf mittlerer Stufe in einer Pfanne erhitzen und das Fleisch darin von allen Seiten gut anbraten.

2 Melone, Papaya oder Mango, Tomaten und Paprika in kleine Würfel schneiden und mit dem grünen Salat in einer großen Schüssel mischen.

3 Für die Salatsauce Zwiebel und Knoblauch abziehen und klein hacken. Mit den übrigen Zutaten für die Sauce vermischen, das Dressing über den Salat geben.

4 Salat auf 2 großen Tellern verteilen und die warmen Fleischstücke darauf legen.

Tipp 1 Als Nachtisch können Sie pro Person 2 Schokoladenbrownies vom Montag servieren.

Tipp 2 Salatblätter sollten immer als ganzes Blatt gewaschen werden. Bei klein geschnittenem Salat werden zu viele Nährstoffe ausgespült.

Nährwerte pro Person

449 kcal, Kohlenhydratanteil 38 %, Eiweiß 28 %, Fett 34 %

Tag 4 – Donnerstag

Voller Energie durch Woche 1

Müde macht uns die Arbeit, die wir liegen lassen – nicht die, die wir tun.
(Marie von Ebner-Eschenbach)

Wichtige Dinge, die liegen bleiben, belasten unnötig. Gehen Sie strikt nach Ihrem Tagesplan vor. So können Sie heute die zweite Muskelkräftigungseinheit (siehe Seite 174f.) in dieser Woche mit Freude abhaken.

Frühstück
Erdbeer-Banane-Drink

1 Zutaten in der genannten Reihenfolge bis auf Speiseleinöl und Kurkuma in einen Mixer (Blender) geben.

2 Speiseleinöl und Kurkuma in eine kleine Tasse geben, glatt rühren und in den Mixer geben. Alles 2 bis 3 Minuten gut durchmixen.

Tipp 1 Als zweiten Gang gibt es 2 Brezen (alternativ 2 bis 3 Scheiben Vollkornbrot bzw. -brötchen) mit 20 Gramm Butter.

Tipp 2 Als dritten Gang gibt es 200 Milliliter Milch (1,5 % Fett) für den Milchkaffee bzw. Cappuccino oder den Drink.

Für 2 Personen

250 ml Buttermilch
100 ml Orangensaft
1 reife Banane
100 g Erdbeeren
25 g Ingwerwurzel
2 EL Weizenkeime
1 TL Zimtpulver
1 Prise Chilipulver
1 Prise Pfeffer aus der Mühle
1 EL Mandelmehl
1 EL Fruchtsauce
50 g Tofu
2 TL Speiseleinöl
1 TL Kurkuma

Zubereitungszeit: ca. 10 Minuten

Nährwerte pro Person
600 kcal, Kohlenhydratanteil 50 %, Eiweiß 16 %, Fett 34 %

Mittagessen

Bandnudeln mit Camembert und Minze

1 Die Nudeln nach Packungsanleitung kochen.

2 Knoblauch und Zwiebel abziehen, den Knoblauch fein hacken, die Zwiebel klein schneiden, die Tomaten klein würfeln.

3 Olivenöl auf niedriger bis mittlerer Stufe in einer Pfanne erhitzen und die Zwiebel darin goldgelb braten. Die Tomatenwürfel dazugeben und alles zugedeckt ca. 5 Minuten köcheln lassen.

4 Die Tomatensauce mit Pfeffer, Salz, Knoblauch und Zitronensaft abschmecken, dann mit den gekochten Nudeln mischen.

5 Den klein geschnittenen Camembert unterheben und die Bandnudeln mit Minze bestreut servieren.

Tipp Mit ein wenig mehr Pfeffer kann Ihr Körper die Gemüsewirkstoffe deutlich besser verwerten. Hantieren Sie also großzügig mit der Pfeffermühle.

Nährwerte pro Person
428 kcal, Kohlenhydratanteil 53 %, Eiweiß 17 %, Fett 30 %

Für 2 Personen

150 g Eierbandnudeln

1 Knoblauchzehe

1 mittelgroße Zwiebel

3 mittelgroße Tomaten

2 EL Olivenöl

Pfeffer aus der Mühle, Salz

Saft von ¼ Zitrone

60 g Camembert (30 % Fett)

8 frische Minzeblätter, klein geschnitten

Zubereitungszeit: ca. 35 Minuten

Abendessen
Hühnchen-Bohnen-Curry

Für 2 Personen

400 g Kartoffeln
(+ 400 g für den nächsten Tag)

200 g Frühlingszwiebeln

2–3 EL Olivenöl

200 g Puten- oder Hühnchenbrust

250 g Kidneybohnen

100 g Sauerrahm (10 % Fett)

100 g Joghurt

Salz, Pfeffer aus der Mühle

1 TL Kurkuma

1 TL Currypulver

2 EL Würzhefe

Frisches Basilikum, gehackt

Zubereitungszeit: ca. 30 Minuten

1 Kartoffeln in ausreichend Wasser kochen.

2 Frühlingszwiebeln in kleine Stücke oder Ringe schneiden und für mindestens 5 Minuten ruhen lassen.

3 Olivenöl auf mittlerer Stufe in einer großen Pfanne erhitzen, die Frühlingszwiebeln anbraten und nach 5 Minuten das klein geschnittene Puten- oder Hühnchenfleisch hinzufügen. Dieses braten, bis es eine leicht goldene Schicht bekommt. Dann die Bohnen dazugeben.

4 Sauerrahm mit Joghurt und Gewürzen vermischen. Sauce über das Fleisch und die Bohnen geben und das Ganze für weitere 5 bis 10 Minuten leise köcheln lassen.

5 Basilikum in die Sauce geben und das Curry mit den Kartoffeln servieren.

Nährwerte pro Person
552 kcal, Kohlenhydratanteil 37 %, Eiweiß 29 %, Fett 34 %

Turboversion Statt 400 Gramm Kartoffeln 200 Gramm Kartoffeln und 300 Gramm Putenbrust nehmen.

Tag 5 – Freitag
Voller Energie durch Woche 1

Die größten Sorgen habe ich mir oft über Dinge gemacht, die hinterher nicht eingetreten sind. (Sven Hedin)

Sorgen Sie sich nicht – leben Sie. Sorgen ziehen Lebenskraft ab und schwächen den Tatendrang.

Frühstück
Himbeer-Banane-Drink

1 Zutaten in der genannten Reihenfolge bis auf Speiseleinöl und Kurkuma in einen Mixer (Blender) geben.

2 Speiseleinöl und Kurkuma in eine kleine Tasse geben, glatt rühren und in den Mixer geben. Alles 2 bis 3 Minuten gut durchmixen.

Tipp 1 Als zweiten Gang gibt es 3 Scheiben Vollkornbrot mit 50 Gramm Erdnussbutter (alternativ: Nuss-Nougat-Creme).

Tipp 2 Als dritten Gang gibt es 200 Milliliter Milch (1,5 % Fett) für den Milchkaffee bzw. Cappuccino oder den Drink.

Nährwerte pro Person (mit Erdnussbutterbrot)
650 kcal, Kohlenhydratanteil 48 %, Eiweiß 19 %, Fett 33 %

Nährwerte pro Person (mit Nuss-Nougat-Creme-Brot)
630 kcal, Kohlenhydratanteil 55 %, Eiweiß 16 %, Fett 29 %

Für 2 Personen

250 g Naturjoghurt (3,5 % Fett)

100 g Banane

100 g Himbeeren

100 g Ingwerwurzel

2 EL Weizenkeime

1 TL Zimtpulver

1 Prise Chilipulver

1 Prise Pfeffer aus der Mühle

1 EL Mandelmehl

1 EL Fruchtsauce

70 g Tofu

100 ml Milch (1,5 % Fett)

100 ml Orangensaft

2 TL Speiseleinöl

1 TL Kurkuma

Zubereitungszeit: ca. 10 Minuten

Mittagessen
Hawaian Fischcurry

Für 2 Personen

100 g Vollkornreis oder
140 g Reisnudeln

1 große rote Zwiebel

2–3 Karotten

2 EL Olivenöl

1 Apfel

1 Banane

250 g Fischfilet
(z. B. Viktoriabarsch)

Salz, Pfeffer aus der Mühle

Currypulver

Kurkuma

20 g Kokosnussraspel

10 g Pistazienkerne

Zubereitungszeit: ca. 50 Minuten

1 Den Reis oder die Reisnudeln nach Packungsanleitung zubereiten.

2 Zwiebel abziehen, in kleine Würfel schneiden und für mindestens 5 Minuten ruhen lassen. Geschälte Karotten in kleine Stücke schneiden.

3 Olivenöl in einer Pfanne bei mittlerer Stufe erhitzen, Karotten und Zwiebeln darin anbraten.

4 Apfel, Banane und Fischfilet in Würfel schneiden und in die Pfanne geben. Alles mit Salz, Pfeffer, Curry und Kurkuma würzen und zugedeckt für 8 bis 10 Minuten köcheln lassen.

5 Kokosnussraspel und Pistazienkerne in einer Pfanne anrösten und das Fischcurry vor dem Servieren damit bestreuen.

Tipp Wenn Ihnen Reis bislang nicht so gut gelungen ist, dann besorgen Sie sich einen Reiskocher. Damit wird Reis immer ideal gegart.

Nährwerte pro Person
599 kcal, Kohlenhydratanteil 48 %, Eiweiß 19 %, Fett 33 %

Abendessen
Zackiger Kartoffelauflauf

Für 2 Personen

400 g gekochte Kartoffeln vom Vortag

250 g TK-Gemüse oder Restgemüse aus dem Kühlschrank (Brokkoli, Karotten, Pilze …)

200 ml Milch

3 Eier

1 EL Bratöl mit Buttergeschmack (siehe Seite 189)

Salz, Pfeffer aus der Mühle

Muskatnuss

1 EL Olivenöl

50 g Emmentaler, gerieben

Frische Kräuter der Saison, gehackt

Zubereitungszeit: ca. 35 Minuten

1 Kartoffeln in feine Scheiben schneiden. Gemüse in kleine Stückchen schneiden und dämpfen (oder TK-Gemüse verwenden).

2 Milch mit Eiern und Bratöl verquirlen und mit Salz, Pfeffer und geriebener Muskatnuss würzen.

3 Den Backofen auf 200 °C vorheizen. Eine kleine Backform mit Olivenöl ausstreichen.

4 Die Hälfte der Kartoffeln in die Backform schichten, darüber die Hälfte des Gemüses. Die Hälfte der Milch-Ei-Mischung darübergeben, dann diesen Schritt wiederholen.

5 Den geriebenen Emmentaler über das Gratin streuen, das Gratin bei 180 °C im Ofen backen, bis der Käse geschmolzen ist.

6 Vor dem Servieren mit gehackten Kräutern bestreuen.

Nährwerte pro Person
529 kcal, Kohlenhydratanteil 32 %, Eiweiß 20 %, Fett 48 %

Turboversion Nur 200 Gramm gekochte Kartoffeln, dafür aber 400 Gramm Gemüse verwenden.

Tag 6 – Samstag

Voller Energie durch Woche 1

Alle Dinge verändern sich. (Ovid)

Denken Sie positiv. Auch wenn Sie noch nicht am Ziel der Stoffwechseloffensive sind – Sie sind auf dem besten Weg dahin. Mit der heutigen Bewegungseinheit (siehe Seite 27) kommen Sie Ihren Zielen wieder ein Stück näher.

Frühstück

Floridian French Toast

1 Die Eier mit der Milch verquirlen, Zimt und Weizenkeime dazugeben.

2 Jede Scheibe Toast gut im Milch-Ei-Mix einweichen.

3 1 Esslöffel Öl in einer großen Pfanne erhitzen, sodass 3 Scheiben Toast nebeneinander für ca. 3 Minuten auf jeder Seite angebraten werden können.

4 Nach dem Wenden Nüsse und Beeren dazugeben, damit sie auch leicht erwärmt werden.

5 Jetzt die zweite Lage mit 1 Esslöffel Bratöl toasten.

6 Vor dem Servieren mit Puderzucker bestreuen.

Für 2 Personen

2 Eier

200 ml Milch (1,5 % Fett)

2 gestrichene TL Zimtpulver

2 EL Weizenkeime

6 Scheiben Vollkorntoast (150 g)

2 EL Bratöl mit Buttergeschmack (siehe Seite 189)

30 g Walnüsse, klein gehackt

300 g Himbeeren oder Blaubeeren oder Beerenmix

Puderzucker

Zubereitungszeit: ca. 25 Minuten

Nährwerte pro Person

622 kcal, Kohlenhydratanteil 44 %, Eiweiß 14 %, Fett 42 %

Mittagessen
Karottenlasagne à la Heike Bienstein *

Für 2 Personen

500 g Karotten

125 ml Gemüsebrühe

1 Knoblauchzehe, zerdrückt

¼ TL Currypulver

200 g Naturjoghurt (1,5 % Fett)

Salz, Pfeffer aus der Mühle

Chilipulver

¼ TL Kurkuma

6 EL Olivenöl

125 g Lasagnenudelplatten

2–3 mittelgroße Tomaten in Scheiben

40 g Emmentaler, gerieben

Zubereitungszeit: ca. 60 Minuten

1 Die Hälfte der Karotten in grobe Stücke schneiden und zusammen mit der Brühe, Knoblauch und Curry gar kochen. Die restlichen Karotten fein raspeln. Backofen auf 200 °C vorheizen.

2 Joghurt zu den Karotten mit der Brühe dazugeben, alles fein pürieren und mit den Gewürzen abschmecken, dann 4 Esslöffel Olivenöl unterrühren.

3 Eine große Auflaufform mit 2 Esslöffeln Olivenöl einfetten. Abwechselnd Lasagneblätter mit Karottensauce, -raspeln und Tomatenscheiben einschichten. Mit Karottensauce abschließen und alles mit Käse bestreuen. Die Lasagne in 30 bis 40 Minuten im Ofen goldbraun backen.

Nährwerte pro Person

543 kcal, Kohlenhydratanteil 48 %, Eiweiß 15 %, Fett 37 %

* Deutsche Crossmeisterin, LG Olympia Dortmund

Abendessen
Quinoa-Erbsen-Salat mit Spiegelei

1 Quinoa mindestens 2-mal mit Wasser abspülen. In Wasser im Verhältnis 2 : 1 (2 Teile Wasser, 1 Teil Quinoa) kurz aufkochen, dann auf kleiner Stufe für mindestens 25 Minuten köcheln lassen.

2 Abgezogene Zwiebel in kleine Würfel schneiden und für mindestens 5 Minuten ruhen lassen.

3 1 Esslöffel Olivenöl und Speiseleinöl unter den Quinoa mischen, dann das Ganze mit den Erbsen, Hüttenkäse und der Zwiebel vermengen. Mit Pfeffer, Salz und Kurkuma abschmecken und Basilikum untermengen.

4 Für die Spiegeleier 1 Esslöffel Olivenöl bei mittlerer Wärmestufe erhitzen, die Eier in die Pfanne schlagen und braten, bis das Eiweiß leicht fest geworden ist. Mit Pfeffer, Salz und Scharfmachergewürz abschmecken. Die Spiegeleier zum Salat servieren.

Für 2 Personen

100 g Quinoa

½ Zwiebel

2 EL Olivenöl

1 EL Speiseleinöl

200 g TK-Erbsen, aufgetaut

200 g Hüttenkäse

Pfeffer aus der Mühle, Salz

½ TL Kurkuma

1 Bund frisches Basilikum, gehackt

2 Eier

Scharfmachergewürz

Zubereitungszeit: ca. 40 Minuten

Nährwerte pro Person
559 kcal, Kohlenhydratanteil 35 %, Eiweiß 24 %, Fett 41 %

Turboversion
Nur 50 Gramm Quinoa, dafür aber 250 Gramm Hüttenkäse verwenden.

Tag 7 – Sonntag

Voller Energie durch Woche 1

Der Mensch erreicht auf Erden alles, was er ernstlich will. (Paul Ernst)

Unsere Willenskraft ist ein mächtiger Motor. Glauben Sie fest an sich und Ihre Ideen. Denken Sie beim heutigen Lauftraining (siehe Seite 27) an Ihre Ziele, die Sie vor einer Woche aufgeschrieben haben.

Frühstück
Berry-Pancakes

Für 2 Personen

400 g Erdbeeren (alternativ: TK-Beeren, aufgetaut)

2 TL Zucker

50 g Sahne (10 % Fett)

2 Eier

250 ml Milch (1,5 % Fett)

1 TL Backpulver

1 Messerspitze Haushaltsnatron

100 g Weizenmehl (Type 1050)

1 EL Bratöl mit Buttergeschmack (siehe Seite 189)

Pfeffer aus der Mühle

200 g Hüttenkäse

20 g Walnüsse, klein gehackt

Zubereitungszeit: ca. 35 Minuten

1 Erdbeeren waschen und in kleine Stücke schneiden. Mit 1 Teelöffel Zucker bestreuen, damit die Beeren etwas Saft ziehen können. Sahne flüssig oder geschlagen dazugeben.

2 Eier mit 1 Teelöffel Zucker schaumig schlagen, die Milch einrühren, dann das mit Backpulver und Natron vermischte Mehl dazusieben. Das Ganze vorsichtig mit dem Schneebesen zu einem recht flüssigen Teig vermengen.

3 Das Bratöl in einer beschichteten Pfanne erhitzen und bei mittlerer Hitze Pancakes backen. Sie lassen sich bei 100 °C im Ofen warm halten.

4 Die Erdbeersauce mit Pfeffer bestreuen, mit dem Hüttenkäse und den Walnüssen zu den Pancakes servieren.

Nährwerte pro Person
590 kcal, Kohlenhydratanteil 41 %, Eiweiß 22 %, Fett 37 %

Mittagessen
Kichererbsen-Couscous-Salat

1 Couscous nach Packungsanleitung kochen.

2 Paprika und Rucola in kleine Stücke, Schnittlauch in Röllchen schneiden.

3 Abgetropfte Kichererbsen, Rucola, Schnittlauch, Paprika und Couscous zu einem Salat vermengen.

4 Oliven- und Speiseleinöl mit Pfeffer, Salz und Würzhefe zu einer Salatsauce verrühren, abschmecken und die Sauce über den Salat geben.

Tipp 1 Sie können diesen Salat mit zusätzlichen frischen Kräutern ergänzen, um Ihren Stoffwechsel noch stärker zu aktivieren.

Tipp 2 Das Speiseleinölfläschchen sollten Sie nach Verwendung in den Kühlschrank stellen. Das Öl bleibt dadurch länger frisch.

Für 2 Personen
80 g Couscous
1 ½ Paprikaschoten
40 g Rucola
½ Bund Schnittlauch in Röllchen
240 g Kichererbsen (1 Dose)
3 EL Olivenöl
1 EL Speiseleinöl
Pfeffer aus der Mühle, Salz
Würzhefe
Zubereitungszeit: ca. 20 Minuten

Nährwerte pro Person
642 kcal, Kohlenhydratanteil 50 %, Eiweiß 21 %, Fett 29 %

Abendessen

Thunfisch Frodo à la Jan Frodeno *

Für 2 Personen

400 g festkochende Kartoffeln

5 EL Olivenöl

Frischer Rosmarin

1 Knoblauchzehe

500 g Cocktailtomaten

200 g Thunfischfilet

Kräutersalz, Pfeffer aus der Mühle

30 g Pistazienkerne, klein gehackt

Schale und Saft von ½ Biozitrone

Zubereitungszeit: ca. 50 Minuten

1 Kartoffeln waschen, halbieren und auf einem Backblech auslegen. Mit 3 Esslöffeln Olivenöl beträufeln und mit Rosmarin bestreuen. Abgezogenen Knoblauch hacken, 5 Minuten ruhen lassen und darübergeben. Bei etwa 200 °C für ca. 20 bis 30 Minuten backen, bis die Kartoffeln gar und goldbraun sind. Cocktailtomaten ungeschnitten die letzten 10 Minuten mit in den Ofen geben.

2 In der Zwischenzeit gewaschenes Thunfischfilet etwas salzen und pfeffern, mit Pistazienkernen und Zitronenschalenabrieb »trocken« panieren. In einer Pfanne in 2 Esslöffeln heißem Olivenöl anbraten. Innen sollte der Fisch noch leicht roh sein.

3 Vor dem Servieren die Kartoffeln salzen und pfeffern und den Fisch mit Zitronensaft beträufeln.

Nährwerte pro Person

590 kcal, Kohlenhydratanteil 29 %, Eiweiß 21 %, Fett 50 %

Turboversion Nur 200 Gramm Kartoffeln, dafür aber 750 Gramm Cocktailtomaten verwenden.

* Triathlonolympiasieger 2008

Tag 8 – Montag
Voller Energie durch Woche 2

Wer sich zu viel mit Kleinigkeiten abgibt, wird unfähig zum Großen.
(François de la Rochefoucauld)

Achten Sie immer darauf, dass sich nur die Dinge auf Ihrem Schreibtisch befinden, die Ihre aktuellen Tätigkeiten betreffen. Strukturieren Sie jeden Tag von Neuem. Gehen Sie wieder mit Spaß an Ihr heutiges Kräftigungsprogramm (siehe Seite 174f.).

Frühstück
Waldbeer-Banane-Drink

Für 2 Personen

250 ml Buttermilch
100 ml Orangensaft
1 reife Banane
100 g Waldbeeren
25 g Ingwerwurzel
2 EL Weizenkeime
1 TL Zimtpulver
1 Prise Chilipulver
1 Prise Pfeffer aus der Mühle
1 EL Mandelmehl
1 EL Fruchtsauce
50 g Tofu
2 TL Speiseleinöl
1 TL Kurkuma

Zubereitungszeit: ca. 10 Minuten

1 Zutaten in der genannten Reihenfolge bis auf Speiseleinöl und Kurkuma in einen Mixer (Blender) geben.

2 Speiseleinöl und Kurkuma in eine kleine Tasse geben, glatt rühren und in den Mixer geben. Alles 2 bis 3 Minuten gut durchmixen.

Tipp 1 Als zweiten Gang gibt es 2 Brezen (alternativ 2 bis 3 Scheiben Vollkornbrot bzw. -brötchen) mit 20 Gramm Butter.

Tipp 2 Als dritten Gang gibt es 200 Milliliter Milch (1,5 % Fett) für den Milchkaffee bzw. Cappuccino oder den Drink.

Nährwerte pro Person
600 kcal, Kohlenhydratanteil 50 %, Eiweiß 16 %, Fett 34 %

Mittagessen
Erfrischende Reispfanne mit Spinat

1 Den Reis nach Packungsanleitung kochen, bis die Flüssigkeit ganz aufgesogen ist.

2 Zwiebel in kleine Würfel schneiden, Knoblauch durchpressen und beides für 5 Minuten ruhen lassen.

3 Olivenöl in einer Pfanne bei mittlerer Stufe erhitzen und die Zwiebel darin goldgelb anbraten. Spinat und getrocknete Tomaten dazugeben und das Ganze für 3 Minuten köcheln lassen.

4 Den Schinken in kleine Stücke schneiden und mit Knoblauch und Pinienkernen in die Pfanne geben. Alles mit Pfeffer, Salz, Scharfmachergewürz und Zitronensaft abschmecken.

5 Den gekochten Reis dazugeben und mit klein gehacktem Thymian bestreuen.

Tipp Als Nachtisch gibt es 1 Apfel pro Person.

Nährwerte pro Person
520 kcal, Kohlenhydratanteil 48 %, Eiweiß 16 %, Fett 36 %

Für 2 Personen

100 g Vollkornreis
1 kleine Zwiebel
1 Knoblauchzehe
2 EL Olivenöl
300 g frischer oder TK-Blattspinat
40 g getrocknete Tomaten
100 g fettarmer Schinken
30 g Pinienkerne
Pfeffer aus der Mühle, Salz
1 TL Scharfmachergewürz
1–2 EL Zitronensaft
Frischer Thymian, gehackt
Zubereitungszeit: ca. 40 Minuten

Abendessen
Spinat mit Cranberrys à la Friederike Feil *

1 Kartoffeln in einem Sieb für 20 Minuten kochen.

2 Zwiebel in kleine Würfel schneiden und für 5 Minuten ruhen lassen. Olivenöl auf mittlerer Stufe erhitzen und die Zwiebel darin goldgelb braten.

3 Tofu würfeln, mit Cranberrys und Walnüssen zur Zwiebel geben, das Ganze für 5 Minuten braten.

4 Den Spinat dazugeben, vorsichtig unterheben und erwärmen. Alles mit Kräutersalz, Pfeffer und geriebener Muskatnuss abschmecken.

5 Die gekochten Kartoffeln pellen, würfeln, die Milch dazugeben und die Mischung pürieren, bis ein Brei entsteht. Den Kartoffelbrei erwärmen und kurz vor dem Servieren das Speiseleinöl dazugeben.

Tipp Als Nachtisch servieren Sie 40 Gramm Pecorino pro Person.

Nährwerte pro Person
626 kcal, Kohlenhydratanteil 30 %, Eiweiß 23 %, Fett 47 %

Turboversion Nur 150 Gramm Kartoffeln, dafür aber 200 Gramm Tofu verwenden.

* Hindernisläuferin, LG Olympia Dortmund

Für 2 Personen

300 g Kartoffeln mit Schale

1 mittelgroße Zwiebel

1 EL Olivenöl

100 g Tofu

40 g Cranberrys

30 g Walnüsse, gehackt

450 g frischer Spinat

Kräutersalz, Pfeffer aus der Mühle

Muskatnuss

100 ml Milch

1 EL Speiseleinöl

Zubereitungszeit: ca. 35 Minuten

Tag 9 – Dienstag
Voller Energie durch Woche 2

Ein großer Mensch ist derjenige, der sein Kinderherz nie verliert.
(James Legge)

Lachen Sie aus tiefstem Herzen – Sie werden eine Freiheit empfinden,
die neue Energie gibt.

Frühstück
Heidelbeer-Banane-Drink

Für 2 Personen

250 ml Hafermilch
100 ml Orangensaft
100 g Banane
100 g Heidelbeeren
25 g Ingwerwurzel
1 TL Zimt
1 Prise Chilipulver
1 Prise Pfeffer aus der Mühle
1 EL Mandelmehl
1 EL Fruchtsauce
50 g Tofu
2 TL Speiseleinöl
1 TL Kurkuma

Zubereitungszeit: ca. 10 Minuten

1 Zutaten in der genannten Reihenfolge bis auf Speiseleinöl und Kurkuma in einen Mixer (Blender) geben.

2 Speiseleinöl und Kurkuma in eine kleine Tasse geben,
glatt rühren und in den Mixer geben. Alles 2 bis 3 Minuten
gut durchmixen.

Tipp 1 Als zweiten Gang gibt es 150 Gramm Vollkornbrot mit 10 Gramm Butter und 70 Gramm Käse (z. B.
Emmentaler, 45 % Fettgehalt).

Tipp 2 Als dritten Gang gibt es 200 Milliliter Milch
(1,5 % Fett) für den Milchkaffee bzw. Cappuccino oder den
Drink.

Nährwerte pro Person
630 kcal, Kohlenhydratanteil 48 %, Eiweiß 17 %, Fett 35 %

Mittagessen
Mexikanisches Lachsfilet

Für 2 Personen
½ Zwiebel
1 Knoblauchzehe
1 Limette
250 g Lachsfilet
Pfeffer aus der Mühle, Salz
1 Paprikaschote
125 g Mais
200 g Kidneybohnen
1 Prise Chilipulver
1 Bund Koriander, gehackt

Zubereitungszeit: ca. 25 Minuten

1 Zwiebel in kleine Ringe schneiden, Knoblauch durchpressen, beides für mindestens 5 Minuten ruhen lassen.

2 Limette auspressen. Lachsfilet kurz in den Limettensaft legen, dann mit Küchenpapier trockentupfen, mit Pfeffer und Salz würzen.

3 Paprika in kleine Stückchen schneiden.

4 Mais, Kidneybohnen, Zwiebel und Paprika zu einem Salat mischen, mit Pfeffer, Chili und Salz abschmecken.

5 Salat in einer Backform verteilen und den Lachs darauflegen. Den Limettensaft gleichmäßig über das Ganze gießen und für ca. 15 Minuten bei 200 °C im Ofen backen.

6 Vor dem Servieren mit klein geschnittenem Koriander bestreuen.

Tipp Kaufen Sie Fisch aus ökologischen Gründen nur mit MSC-Zertifizierung (Marine Stewardship Council – Fisch und Meeresfrüchte aus zertifiziert nachhaltiger Fischerei).

Nährwerte pro Person
777 kcal, Kohlenhydratanteil 46 %, Eiweiß 27 %, Fett 27 %

Abendessen

Warmer Karottencouscous mit Tofu

1 Couscous nach Packungsanleitung kochen.

2 Zwiebeln in kleine Stücke schneiden und für mindestens 5 Minuten ruhen lassen.

3 Olivenöl auf mittlerer Stufe erhitzen und die Zwiebeln darin goldgelb braten.

4 Tofu und Karotten in kleine Würfel schneiden und zu den Zwiebeln in die Pfanne geben. Das Ganze gut braten, bis die Karotten nicht mehr hart sind. Mit Gemüsebrühe und Pfeffer abschmecken.

5 Couscous unterheben, alles mit Pfeffer und Senf abschmecken und die Petersilie untermischen.

Tipp Dieses Gericht schmeckt warm und kalt und ist deshalb auch ein optimales Essen zum Mitnehmen.

Turboversion Nur 40 Gramm Couscous, dafür aber 200 Gramm Tofu verwenden.

Für 2 Personen

80 g Couscous

2 kleine rote Zwiebeln

3 EL Olivenöl

150 g Tofu

3 mittelgroße Karotten

1 TL Gemüsebrühe

Pfeffer aus der Mühle

1 EL Senf

25 g frische Petersilie, gehackt

Zubereitungszeit: ca. 20 Minuten

Für das Dessert (6 Portionen)

1 sehr reife Banane

500 g Naturjoghurt (3,5 % Fett)

50 g Honig

2 EL Kakaopulver

1 Prise Pfeffer aus der Mühle

Zubereitungszeit: ca. 10 Minuten

Dessert

Schoko-Banane-Joghurt

1 Die Banane schälen.

2 Alle Zutaten in einen Mixer geben und für mindestens 3 Minuten gut durchschlagen.

Tipp Den Schoko-Banane-Joghurt können Sie heute und morgen als Nachtisch genießen.

Nährwerte pro Person

505 kcal, Kohlenhydratanteil 41 %, Eiweiß 18 %, Fett 42 %

Tag 10 – Mittwoch

Voller Energie durch Woche 2

Nicht in die Ferne, in die Tiefe sollst du reisen. (Ralph Waldo Emerson)

Schöpfen Sie Kraft, indem Sie sich von innen heraus bejahen und lieben. Die Schokowirkstoffe des heutigen Tages werden Sie dabei unterstützen. Die Extraportion Sauerstoff für Ihren stoffwechselaktiven Verjüngungsprozess geben Sie Ihrem Körper durch das ausgeklügelte Lauftraining mit Ihrem Steffny-Plan (siehe Seite 27).

Frühstück

Schoko-Banane-Hafermilch

Für 2 Personen

250 ml Hafermilch
100 ml Orangensaft
100 g Banane
2 TL Kakaopulver
25 g Ingwerwurzel
2 EL Weizenkeime
1 TL Zimtpulver
1 Prise Chilipulver
1 Prise Pfeffer aus der Mühle
1 EL Mandelmehl
1 EL Fruchtsauce
70 g Tofu
2 TL Speiseleinöl
1 TL Kurkuma

Zubereitungszeit: ca. 10 Minuten

1 Zutaten in der genannten Reihenfolge bis auf Speiseleinöl und Kurkuma in einen Mixer (Blender) geben.

2 Speiseleinöl und Kurkuma in eine kleine Tasse geben, glatt rühren und in den Mixer geben. Alles 2 bis 3 Minuten gut durchmixen.

Tipp 1 Als zweiten Gang gibt es 100 Gramm Vollkornbrot mit 20 Gramm Butter und 50 Gramm Marmelade oder Honig (eventuell mit Ingwerscheiben belegt).

Tipp 2 Als dritten Gang gibt es 200 Milliliter Milch (1,5 % Fett) für den Milchkaffee bzw. Cappuccino oder den Drink.

Nährwerte pro Person
600 kcal, Kohlenhydratanteil 53 %, Eiweiß 15 %, Fett 32 %

Mittagessen
Kichererbsenküchlein mit Joghurtsauce

1 Zwiebel in kleine Würfel schneiden, Knoblauch durchpressen, beides für mindestens 5 Minuten ruhen lassen.

2 Kichererbsen mit Ei, Petersilie, Pfeffer und Erdnussbutter pürieren. Masse mit den Gewürzen abschmecken, Zwiebel und Knoblauch untermischen.

3 Olivenöl auf mittlerer Stufe in einer großen Pfanne erhitzen. 12 kleine Küchlein (1 großer Esslöffel Masse ergibt ca. 1 Küchlein) in die Pfanne portionieren und braten. Nach etwa 5 Minuten wenden.

4 Alle Zutaten für die Joghurtsauce gut miteinander vermischen.

5 Die Küchlein mit Tomatenscheiben und der Joghurtsauce servieren.

Tipp Als Nachtisch gibt es wahlweise 1 Apfel oder 1 Birne pro Person.

Nährwerte pro Person
597 kcal, Kohlenhydratanteil 41 %, Eiweiß 19 %, Fett 40 %

Das Foto zu diesem Rezept finden Sie auf Seite 82.

Für 2 Personen

½ Zwiebel

1 Knoblauchzehe

125 g Kichererbsen (1 Dose)

1 Ei

15 g frische Petersilie, gehackt

Pfeffer aus der Mühle

1 TL Erdnussbutter

Kurkuma

Piment

Kumin

2 EL Olivenöl

500 g Tomaten in Scheiben

Für die Joghurtsauce

250 g Joghurt

¼ Gurke, fein geraspelt

1 EL Schnittlauchröllchen

Pfeffer aus der Mühle, Salz

1 TL Speiseleinöl

1 Knoblauchzehe, zerdrückt

Zubereitungszeit: ca. 30 Minuten

Abendessen
Kokos-Lauch-Suppe

Für 2 Personen

1 mittelgroße Zwiebel

2 EL Olivenöl

125 g Lauch

200 g Putenfleisch

1 EL Sojasauce

150 g gekochte Kartoffeln mit Schale

200 ml Gemüsebrühe

200 ml Kokosnussmilch

Frische Minzeblätter, gehackt

Zubereitungszeit: ca. 40 Minuten

1 Zwiebel in kleine Stückchen schneiden und für 5 Minuten ruhen lassen. 1 Esslöffel Olivenöl auf mittlerer Stufe erhitzen und die Zwiebel darin goldgelb braten.

2 Lauch in grobe Ringe schneiden und zur Zwiebel geben. Beides für weitere 5 Minuten braten.

3 Putenfleisch in grobe Stücke schneiden. In einer zweiten Pfanne 1 Esslöffel Olivenöl erhitzen und das Putenfleisch für 10 Minuten anbraten. Sojasauce zu den Putenstücken geben, für weitere 2 Minuten braten. Die Pute beiseite stellen.

4 Kartoffeln in grobe Stücke schneiden und zur Zwiebel-Lauch-Masse geben. Das Ganze gut umrühren und für weitere 5 Minuten leise köcheln lassen. Mit Gemüsebrühe ablöschen und nochmal für 5 Minuten leise köcheln lassen.

5 Kokosnussmilch dazugeben und die Suppe mit einem Stabmixer pürieren.

6 Vor dem Servieren das Putenfleisch und frische Minze in die Suppe geben.

Tipp Als Nachtisch gibt es den Schoko-Banane-Joghurt von gestern.

Nährwerte pro Person
562 kcal, Kohlenhydratanteil 25 %, Eiweiß 24 %, Fett 51 %

Das Foto zu diesem Rezept finden Sie auf Seite 83.

Tag 11 – Donnerstag

Voller Energie durch Woche 2

Eure Lebensmittel sollen eure Heilmittel sein. (Hippokrates von Kos)

Mit den Rezepten der Lauf-Diät geben Sie Ihrem Körper alles, was er braucht. Sie sind geschützt vor Krebs, aktivieren Ihren Stoffwechsel und sind mental immer gut gestimmt. So schaffen Sie Ihre Ziele. Nicht vergessen: Heute freuen sich wieder Ihre Muskeln auf den neuen Trainingsreiz (siehe Seite 174f.).

Frühstück

Heidelbeer-Banane-Drink

1 Zutaten in der genannten Reihenfolge bis auf Speiseleinöl und Kurkuma in einen Mixer (Blender) geben.

2 Speiseleinöl und Kurkuma in eine kleine Tasse geben, glatt rühren und in den Mixer geben. Alles 2 bis 3 Minuten gut durchmixen.

Tipp 1 Als zweiten Gang gibt es 2 Brezen (alternativ 2 bis 3 Scheiben Vollkornbrot bzw. -brötchen) mit 20 Gramm Butter.

Tipp 2 Als dritten Gang gibt es 200 Milliliter Milch (1,5 % Fett) für den Milchkaffee bzw. Cappuccino oder den Drink.

Nährwerte pro Person
600 kcal, Kohlenhydratanteil 50 %, Eiweiß 16 %, Fett 34 %

Für 2 Personen

250 ml Buttermilch

100 ml Orangensaft

1 reife Banane

100 g Heidelbeeren

25 g Ingwerwurzel

2 EL Weizenkeime

1 TL Zimtpulver

1 Prise Chilipulver

1 Prise Pfeffer aus der Mühle

1 EL Mandelmehl

1 EL Fruchtsauce

50 g Tofu

2 TL Speiseleinöl

1 TL Kurkuma

Zubereitungszeit: ca. 10 Minuten

Mittagessen
Blumenkohl-Brokkoli-Salat

Für 2 Personen

250 g Brokkoli

250 g Blumenkohl

½ mittelgroße Zwiebel

1 Knoblauchzehe

3 EL Olivenöl

2 EL Speiseleinöl

1 EL Essig

1 TL Senf

1 TL Meerrettich

1 TL Honig

1 TL Würzhefe

75 g Sauerrahm (10 % Fett)

Salz, Pfeffer aus der Mühle

Frische Kräuter der Saison, gehackt

2 hart gekochte Eier

4 Scheiben Vollkornbrot

Zubereitungszeit: ca. 20 Minuten

1 Brokkoli und Blumenkohl in kleine Röschen teilen, den Stiel des Brokkolis in kleine Ringe schneiden. Das Gemüse ca. 10 Minuten dämpfen, sodass es noch bissfest ist.

2 Zwiebel in kleine Stücke schneiden, Knoblauch durchpressen und beides für mindestens 5 Minuten ruhen lassen.

3 Olivenöl mit Leinöl, Essig, Senf, Meerrettich, Honig, Würzhefe und dem Sauerrahm vermischen. Die Salatsauce mit Salz und Pfeffer abschmecken, Zwiebel, Knoblauch und gehackte Kräuter dazugeben.

4 Blumenkohl und Brokkoli unter die Salatsauce mischen, wenn sie noch leicht warm sind – so nehmen sie den Geschmack der Salatsauce besser an.

5 Gepellte Eier in kleine Stücke schneiden und in den Salat mischen.

6 Das Vollkornbrot wird als Beilage serviert.

Tipp 1 Dies ist ein optimales Essen zum Mitnehmen. Einfach am Tag davor vorbereiten und dann im Büro genießen.

Tipp 2 Als Nachtisch gibt es pro Person 1 Kugel Vanilleeis mit 1 Esslöffel Fruchtsauce.

Nährwerte pro Person
628 kcal, Kohlenhydratanteil 48 %, Eiweiß 17 %, Fett 35 %

Abendessen
Quarkzwiebelkuchen

1 Olivenöl, Quark, Salz und 50 Milliliter Milch miteinander vermengen. Das mit Backpulver vermischte Mehl darüber sieben. Das Ganze zu einem geschmeidigen Teig verkneten.

2 Zwiebeln in Rädchen schneiden und in 1 Esslöffel heißen Olivenöl goldgelb braten.

3 Eier, Sauerrahm, Kümmel, Kräutermischung, Pfeffer, Salz und restliche Milch miteinander verquirlen.

4 Ein großes Backblech mit dem Quark-Öl-Teig belegen, Zwiebeln, Eiermischung und Schinken auf dem Kuchen verteilen. Bei 180 °C ca. 30 Minuten backen.

Nährwerte pro Person
722 kcal, Kohlenhydratanteil 33 %, Eiweiß 20 %, Fett 47 %

Für 2 Personen

80 ml + 1 EL Olivenöl

200 g Magerquark (0,5 % Fett)

Salz

250 ml Milch (1,5 % Fett)

1 TL Backpulver

400 g Weizenmehl (Type 1050)

1 kg Zwiebeln

5 Eier

150 g Sauerrahm (10 % Fett)

15 g Kümmel

30 g Kräutermischung

Pfeffer aus der Mühle

200 g gekochter Schinken, klein geschnitten

Zubereitungszeit: ca. 80 Minuten

Tag 12 – Freitag

Voller Energie durch Woche 2

Trau lieber deiner Kraft als deinem Glück. (Publilius Syrus)

Vertrauen Sie in Ihre eigenen Fähigkeiten. Wer an sich glaubt, dem glauben andere.

Frühstück

Erdbeer-Banane-Drink

Für 2 Personen

250 g Naturjoghurt (3,5 % Fett)
100 g Banane
100 g Erdbeeren
25 g Ingwerwurzel
2 EL Weizenkeime
1 TL Zimt
1 Prise Chilipulver
1 Prise Pfeffer aus der Mühle
1 EL Mandelmehl
1 EL Fruchtsauce
70 g Tofu
100 ml Milch (1,5 % Fett)
100 ml Orangensaft
2 TL Speiseleinöl
1 TL Kurkuma

Zubereitungszeit: ca. 10 Minuten

1 Zutaten in der genannten Reihenfolge bis auf Speiseleinöl und Kurkuma in einen Mixer (Blender) geben.

2 Speiseleinöl und Kurkuma in eine kleine Tasse geben, glatt rühren und in den Mixer geben. Alles 2 bis 3 Minuten gut durchmixen.

Tipp 1 Als zweiten Gang gibt es 3 Scheiben Vollkornbrot mit 50 Gramm Erdnussbutter (alternativ: Nuss-Nougat-Creme).

Tipp 2 Als dritten Gang gibt es 200 Milliliter Milch (1,5 % Fett) für den Milchkaffee bzw. Cappuccino oder den Drink.

Nährwerte pro Person (mit Erdnussbutterbrot)
650 kcal, Kohlenhydratanteil 48 %, Eiweiß 19 %, Fett 33 %

Nährwerte pro Person (mit Nuss-Nougat-Creme-Brot)
630 kcal, Kohlenhydratanteil 55 %, Eiweiß 16 %, Fett 29 %

Mittagessen
Brotpudding mit Vanillesauce

1 Brot und Äpfel in kleine Würfel schneiden und zusammenmischen.

2 Die Eier mit der Milch verquirlen, Vanillezucker und Zimt dazugeben.

3 Brot und Äpfel in einer Auflaufform verteilen, das Ganze mit den Walnüssen bestreuen und die Milchmischung gleichmäßig darüber gießen.

4 Im Ofen bei 180 °C ca. 20 backen; nach 10 Minuten nochmals umrühren – dann wird der Brotpudding oben nicht so trocken.

5 Für die Vanillesauce die Milch erhitzen. 2 bis 3 Esslöffel davon abnehmen und mit dem Puddingpulver und dem Zucker verrühren.

6 Sobald die Milch kocht, die Puddingpulvermischung dazugeben und gut umrühren, bis die Vanillesauce leicht andickt. Dann für 3 Minuten durchziehen lassen und noch warm mit dem Brotpudding servieren.

Für 4 Personen

150 g Vollkornbrot

2 mittelgroße Äpfel

3 Eier

150 ml Milch (1,5 % Fett)

1 Päckchen Vanillezucker

1–2 TL Zimtpulver

40 g Walnüsse, gehackt

Für die Vanillesauce

500 ml Milch (1,5 % Fett)

1 Päckchen Vanillepuddingpulver

2 EL Zucker

Zubereitungszeit: ca. 30 Minuten

Nährwerte pro Person
630 kcal, Kohlenhydratanteil 47 %, Eiweiß 17 %, Fett 36 %

Abendessen
Rindersteak auf Paprikagemüse

1 Zwiebel und Paprika in dünne Streifen schneiden.

2 Das Fleisch mit Pfeffer, Salz und Chili würzen.

3 2 Esslöffel Olivenöl auf mittlerer Stufe erhitzen, Zwiebel und Paprika für gute 10 Minuten anbraten.

4 In einer zweiten Pfanne das Fleisch in 1 Esslöffel Olivenöl ebenfalls auf mittlerer Stufe auf beiden Seiten ca. 3 Minuten anbraten.

5 Zitronensaft und Aceto balsamico über das Paprikagemüse geben. Das Ganze mit Pfeffer und Salz abschmecken.

6 Das Fleisch mit Pesto bestreichen, das Steak auf dem Paprikagemüse servieren und alles mit gehacktem Basilikum bestreuen.

Dessert
Schokoladeneis mit Walnussstückchen

1 Alle Zutaten für das Eis in einen Mixer füllen und die Masse für mehrere Minuten durchmixen, bis sie cremig wird.

2 Das Eis mit den gehackten Walnüssen bestreuen und sofort servieren.

Nährwerte pro Person
477 kcal, Kohlenhydratanteil 30 %, Eiweiß 25 %, Fett 45 %

Für 2 Personen

1 mittelgroße Zwiebel

400 g bunte Paprikaschoten

200 g fettarmes Rinderfilet

Pfeffer aus der Mühle, Salz

Chilipulver

3 EL Olivenöl

Saft von ½ Zitrone

1 EL Aceto balsamico

1 EL Pesto

Frisches Basilikum, gehackt

Zubereitungszeit: ca. 35 Minuten

Für das Dessert (4 Portionen)

2–3 mittelgroße sehr reife Bananen in kleinen Stücken, mindestens 12 Stunden gefroren

30 g Kakaopulver

1 TL Vanilleextrakt

30 g Honig oder Agavensirup

1–2 TL Zimtpulver

Etwas Milch

25 g Walnüsse, klein gehackt

Zubereitungszeit: ca. 15 Minuten (+ 12 Stunden Gefrierzeit der Bananen)

Tag 13 – Samstag

Voller Energie durch Woche 2

Nach Liebe dürstet alle Welt. (Gottfried Keller)

Die liebe Tat ist an kleine Sachen gebunden. Üben Sie sich darin, unregelmäßig, aber immer wieder liebenswerte Gesten und Aufmerk-samkeiten zu verschenken. Diese Liebe kommt zurück, und alles wird schöner. Danken Sie heute Ihrem Trainingspartner für die gemeinsame Zeit. Wenn Sie heute allein trainieren, bedanken Sie sich bei Ihrem Lebenspartner oder Ihren Freunden.

Frühstück

Haferschmaus mit Hüttenkäse

Für 2 Personen
120 g Haferkörner
200 g Bananen
1 Apfel
300 g Naturjoghurt (3,5 % Fett)
150 g Hüttenkäse
2 EL Fruchtsauce
40 g Walnüsse, klein gehackt
1 TL Zimtpulver

**Zubereitungszeit: ca. 10 Minuten
(+ 8 Stunden Quellzeit des
Hafers)**

1 Die Haferkörner in eine Thermoskanne geben und mit sehr heißem, aber nicht mehr kochendem Wasser übergie-ßen. Die Kanne verschließen und den Hafer über Nacht quel-len lassen.

2 Die Bananen zerdrücken, den Apfel in kleine Stücke schneiden, beides in eine Schüssel geben und den Hafer un-termischen.

3 Joghurt mit Hüttenkäse, Fruchtsauce und Walnüssen verrühren, über die Obst-Hafer-Mischung geben und alles mit Zimt bestreuen.

Nährwerte pro Person
720 kcal, Kohlenhydratanteil 49 %, Eiweiß 16 %, Fett 35 %

Mittagessen
Quinoasalat mit Mozzarella und Tomaten

Für 2 Personen
120 g Quinoa
Salz
3 Tomaten
1 Zwiebel
125 g Mozzarella
60 g Rucola
2 EL Olivenöl
Pfeffer aus der Mühle
1 Knoblauchzehe, fein gehackt
2 EL frisches Basilikum, gehackt
Saft von ½ Zitrone
Zubereitungszeit: ca. 30 Minuten

1 Quinoa in ein Sieb geben und mit heißem Wasser abspülen, damit die Bitterstoffe abgewaschen werden. Im Verhältnis 2 : 1 (2 Teile Wasser, 1 Teil Quinoa) mit etwas Salz zum Kochen bringen und dann auf kleine Stufe zurückschalten.

2 Tomaten, Zwiebel und Mozzarella in kleine Würfel schneiden, Rucola klein schneiden.

3 Sobald der Quinoa fertig ist, diesen etwas abkühlen lassen.

4 Mozzarella, Tomaten, Rucola und Olivenöl zum Quinoa geben und alles mit Pfeffer, Knoblauch, Basilikum und Zitronensaft abschmecken.

Tipp 1 Als Nachtisch gibt es 1 Kugel Vanilleeis mit 1 Esslöffel Fruchtsauce pro Person.

Tipp 2 Quinoa ist häufig noch leicht sandig und sollte auch deshalb sehr gründlich gewaschen werden.

Nährwerte pro Person
509 kcal, Kohlenhydratanteil 41 %, Eiweiß 19 %, Fett 40 %

Abendessen

Lachsfilet mit Apfel-Gurken-Salat

1 Einen Topf mit Wasser aufsetzen.

2 Äpfel, Gurke und Zwiebel in sehr kleine Würfel schneiden, in einer Schüssel mischen und mit Koriander, Olivenöl, Limettensaft, Pfeffer und Salz vermengen.

3 Sobald das Wasser kocht, Salz und Zitronensaft hineingeben. Lachsfilets ins Wasser legen und für 8 Minuten im siedenden Wasser ziehen lassen.

4 Die Lachsfilets gut abtropfen lassen und mit dem Salat servieren.

Tipp 1 Als Nachtisch gibt es Schokoladeneis mit Walnussstückchen vom Vortag.

Tipp 2 Äpfel und Gurken können Sie gerne mit der Schale essen, wenn diese beiden Lebensmittel aus biologischem Anbau stammen. Konventionell erzeugte Ware bitte schälen.

Für 2 Personen

1 ½ Äpfel

½ Gurke

1 kleine Zwiebel

Frischer Koriander, gehackt

1 EL Olivenöl

Saft von 1 Limette

Pfeffer aus der Mühle, Salz

Saft von 1 Zitrone

2 Lachsfilets à 125 g

Zubereitungszeit: ca. 20 Minuten

Nährwerte pro Person
559 kcal, Kohlenhydratanteil 30 %, Eiweiß 22 %, Fett 48 %

Tag 14 – Sonntag

Voller Energie durch Woche 2

In dir muss brennen, was du in anderen entzünden willst.
(Augustinus von Hippo)

Sehen Sie sich als Vorreiter. Stecken Sie mit innerer Begeisterung und Freude andere mit der Stoffwechseloffensive an. Überlegen Sie beim heutigen Lauftraining (siehe Seite 27), wer von Ihrem Umfeld das Training mit Ihnen teilen möchte.

Frühstück

Müsli nach Dr. Feil

1 Apfel in eine mittelgroße Schüssel raspeln.

2 Mit den restlichen Zutaten bis auf Zimt und Vanille zu einem Brei mischen. Je nach gewünschter Festigkeit noch etwas mehr Milch hinzufügen.

3 Das Müsli über Nacht in den Kühlschrank stellen. So wird es besser verträglich.

4 Vor dem Servieren mit Zimt und Vanille bestreuen.

Nährwerte pro Person
630 kcal, Kohlenhydratanteil 47 %, Eiweiß 16 %, Fett 37 %

Für 2 Personen

1 mittelgroßer Apfel

70 g Haferflocken (alternativ: frisch gemahlener Hafer)

3 EL Weizenkeime

50 g Rosinen

50 g Walnüsse, gehackt

50 ml Milch (1,5 % Fett)

400 g Naturjoghurt probiotisch (1,5 % Fett)

2 EL Honig

100 g TK-Himbeeren

2 EL Sojaflocken oder -kerne

½ TL Zimtpulver

Etwas frische Vanille

Zubereitungszeit: ca. 10 Minuten (+ 8 Stunden Einweichzeit)

Mittagessen
Gemüse in Quark-Öl-Teig

Für 6 Personen

80 g Bratöl mit Buttergeschmack (siehe Seite 189)

200 g Magerquark (0,5 % Fett)

Salz

40 ml Milch (1,5 % Fett)

1 TL Backpulver

400 g Weizenmehl (Type 1050)

200 g Zwiebeln, klein gehackt

2 EL Olivenöl

500 g Gemüsemix (Typ Toskana)

6 Scheiben Vollkornbrot

200 g Tofu

100 g Sauerrahm (10 % Fett)

100 g Naturjoghurt (1,5 % Fett)

5 Eier

Scharfmachergewürz

1 Knoblauchzehe

50 g Kräutermischung

Pfeffer aus der Mühle

1 kg Tomaten

300 g Radieschen

Zubereitungszeit: ca. 45 Minuten

1 Für den Quark-Öl-Teig Öl, Quark, Salz und Milch miteinander vermengen. Das mit Backpulver vermischte Mehl darüber sieben und das Ganze schnell zu einem geschmeidigen Teig verkneten.

2 Etwa ¼ vom Teig wegnehmen, eine Kastenform mit ¾ des Teigs auslegen.

3 Für die Füllung Zwiebeln im heißen Olivenöl goldgelb anbraten. Gemüsemix kurz dazugeben, damit er sich leicht erwärmt und gut mit den Zwiebeln vermischt ist. Herdplatte abschalten.

4 Brot und Tofu in kleine Würfel schneiden und zur Mischung geben.

5 Sauerrahm, Joghurt, Eier, Salz, Scharfmachergewürz, durchgepressten Knoblauch, Kräutermischung und Pfeffer miteinander verrühren und unter die Mischung heben.

6 Die Füllung in die vorbereitete Kastenform geben und das übrige Viertel des Teigs als Deckel aufsetzen. Im Ofen bei 180 °C ca. 25 Minuten backen.

7 Tomaten und Radieschen als Beilage servieren.

Tipp Dies ist eine ideale Mahlzeit auch zum Mitnehmen an den Arbeitsplatz.

Nährwerte pro Person
745 kcal, Kohlenhydratanteil 47 %, Eiweiß 17 %, Fett 36 %

Abendessen
Gebratene Thainudeln mit Gemüse und Tofu

1 Die Nudeln nach Packungsanleitung garen.

2 Sesamöl auf mittlerer Stufe in einer Pfanne erhitzen, Ingwer und die scharfe Sauce darin 5 Minuten anbraten.

3 Frühlingzwiebeln in Ringe und Tofu in kleine Stücke schneiden, beides in die Pfanne geben und alles für weitere 5 Minuten braten.

4 Zuckerschoten und Mungobohnenkeimlinge dazugeben. Alles kurz weiterbraten und mit Sojasauce und eventuell noch etwas mehr scharfer Sauce abschmecken.

5 Die gegarten Nudeln mit dem Gemüse vermengen und kurz anbraten.

6 Mit Cashewkernen und klein geschnittenem Koriander bestreut servieren.

Für 2 Personen

100 g Thainudeln

2 EL Sesamöl

1 EL Ingwerwurzel, klein geschnitten

1–2 EL scharfe Sauce (Hot sauce, Sambal olek …)

½ Bund Frühlingszwiebeln

200 g Tofu

100 g Zuckerschoten

100 g Mungobohnenkeimlinge

2–3 EL Sojasauce

20 g Cashewkerne

Frischer Koriander, gehackt

Zubereitungszeit: ca. 35 Minuten

Nährwerte pro Person
506 kcal, Kohlenhydratanteil 39 %, Eiweiß 21 %, Fett 40 %

Turboversion
Lediglich 50 Gramm Thainudeln, dafür aber 150 Gramm Zuckerschoten verwenden.

Tag 15 – Montag
Voller Energie durch Woche 3

Aus vollem Herzen zu loben, heißt dabei zu sein.
(François de la Rochefoucauld)

Freuen Sie sich am Erfolg Ihrer Mitmenschen. Lassen Sie sich vom Erfolg anderer zu Ihrem Erfolg antreiben. Heute ist Ihre fünfte Kräftigungseinheit (siehe Seite 174f.). Bestimmt fallen Ihnen die Übungen inzwischen schon leichter, und Sie spüren den Fortschritt.

Frühstück
Heidelbeer-Erdbeer-Banane-Drink

Für 2 Personen
250 ml Buttermilch
100 ml Orangensaft
1 reife Banane
100 g Heidelbeer-Erdbeer-Mix
25 g Ingwerwurzel
2 EL Weizenkeime
1 TL Zimtpulver
1 Prise Chilipulver
1 Prise Pfeffer aus der Mühle
1 EL Mandelmehl
1 EL Fruchtsauce
50 g Tofu
2 TL Speiseleinöl
1 TL Kurkuma

Zubereitungszeit: ca. 10 Minuten

1 Zutaten in der genannten Reihenfolge bis auf Speiseleinöl und Kurkuma in einen Mixer (Blender) geben.

2 Speiseleinöl und Kurkuma in eine kleine Tasse geben, glatt rühren und in den Mixer geben. Alles 2 bis 3 Minuten gut durchmixen.

Tipp 1 Als zweiten Gang gibt es 2 Brezen (alternativ 2 bis 3 Scheiben Vollkornbrot bzw. -brötchen) mit 20 Gramm Butter.

Tipp 2 Als dritten Gang gibt es 200 Milliliter Milch (1,5 % Fett) für den Milchkaffee bzw. Cappuccino oder den Drink.

Nährwerte pro Person
600 kcal, Kohlenhydratanteil 50 %, Eiweiß 16 %, Fett 34 %

Mittagessen

Afrikanische Erdnussbutter-Tomaten-Suppe

1 Vollkornreis in 250 Milliliter Wasser geben, kurz aufkochen lassen und dann auf niedriger Stufe mit geschlossenem Deckel vor sich hinköcheln lassen, bis die Flüssigkeit vollkommen aufgesogen ist.

2 Zwiebel in kleine Würfel schneiden und für mindestens 5 Minuten ruhen lassen.

3 Olivenöl auf mittlerer Stufe erhitzen und die Zwiebel darin goldgelb braten.

4 Tofuwürfel hinzufügen und alles für weitere 5 Minuten braten.

5 Sojasauce dazugeben, Tomaten und Mehl untermischen und das Ganze für weitere 5 Minuten braten.

6 Mit Gemüsebrühe ablöschen, Milch, Erdnussbutter und gekochten Reis dazugeben, mit Salz und Pfeffer abschmecken und alles gut umrühren.

7 Die Suppe vor dem Servieren mit Petersilie bestreuen.

Tipp Als Nachtisch gibt es 1 Kugel Vanilleeis mit 1 Esslöffel Fruchtsauce pro Person.

Für 2 Personen

100 g Vollkornreis

1 mittelgroße Zwiebel

1 EL Olivenöl

100 g Tofu, in kleine Würfel geschnitten

½ EL Sojasauce

3 Tomaten, gewürfelt

1 EL Mehl

375 ml Gemüsebrühe

175–200 ml Milch (1,5 % Fett)

50 g Erdnussbutter

Salz, Pfeffer aus der Mühle

Frische Petersilie, gehackt

Zubereitungszeit: ca. 35 Minuten

Nährwerte pro Person
580 kcal, Kohlenhydratanteil 46 %, Eiweiß 17 %, Fett 37 %

Abendessen
Quinoasalat mit Zucchini und Himbeeren

Für 2 Personen

100 g Quinoa
2 Frühlingszwiebeln
200 g Zucchini
80 g Fetakäse
25 g Pinienkerne
2 EL Essig
2 EL Olivenöl
1 EL Senf
1 EL Hefeflocken
½ Bund frisches Basilikum, gehackt
Pfeffer aus der Mühle, Kräutersalz
200 g Himbeeren

Zubereitungszeit: ca. 40 Minuten

1 Quinoa mindestens 2-mal mit Wasser abspülen. Im Verhältnis 2 : 1 (2 Teile Wasser, 1 Teil Quinoa) in Wasser geben. Quinoa kurz aufkochen lassen und dann auf kleiner Stufe für mindestens 25 Minuten vor sich hinköcheln, anschließend auskühlen lassen.

2 Frühlingszwiebeln in kleine Ringe, Zucchini in hauchdünne Ringe schneiden, Fetakäse würfeln.

3 In einer Pfanne die Pinienkerne ohne Fett anrösten.

4 Essig mit Olivenöl, Senf, Hefeflocken und Basilikum vermischen. Alle Zutaten zu einem Salat vermengen, mit Pfeffer und Salz abschmecken, ganz zum Schluss die Himbeeren dazugeben, damit diese nicht durch übermäßiges Rühren zerquetscht werden.

Nährwerte pro Person
514 kcal, Kohlenhydratanteil 35 %, Eiweiß 17 %, Fett 48 %

Turboversion Nur 50 Gramm Quinoa, dafür aber 100 Gramm Fetakäse und 300 Gramm Zucchini verwenden.

Tag 16 – Dienstag

Voller Energie durch Woche 3

*Unser Glück beruht darauf, dass wir tun, was wir für richtig und ange-
messen halten, und nicht, was andere sagen oder tun.* (Mahatma Gandhi)

Genießen Sie Ihre Freiheit und gehen Sie Ihren Weg.

Frühstück
Waldbeer-Banane-Drink

Für 2 Personen

250 ml Sojamilch
100 ml Orangensaft
100 g Banane
100 g Waldbeeren
25 g Ingwerwurzel
1 TL Zimtpulver
1 Prise Chilipulver
1 Prise Pfeffer aus der Mühle
1 EL Mandelmehl
1 EL Fruchtsauce
50 g Tofu
2 TL Speiseleinöl
1 TL Kurkuma

Zubereitungszeit: ca. 10 Minuten

1 Zutaten in der genannten Reihenfolge bis auf Speiseleinöl und Kurkuma in einen Mixer (Blender) geben.

2 Speiseleinöl und Kurkuma in eine kleine Tasse geben,
glatt rühren und in den Mixer geben. Alles 2 bis 3 Minuten
gut durchmixen.

Tipp 1 Als zweiten Gang gibt es 150 Gramm Vollkornbrot mit 10 Gramm Butter und 70 Gramm Käse (z. B.
Emmentaler, 45 % Fettgehalt).

Tipp 2 Als dritten Gang gibt es 200 Milliliter Milch
(1,5 % Fett) für den Milchkaffee bzw. Cappuccino oder den
Drink.

Nährwerte pro Person
630 kcal, Kohlenhydratanteil 48 %, Eiweiß 17 %, Fett 35 %

Mittagessen

Pflaumenkuchen mit Vanillesauce

1 Die Eier trennen. Eiweiß mit Zucker, Vanillezucker und 1 Prise Salz steif schlagen.

2 Mehl mit Backpulver, Eigelben, Zimt und Milch glatt rühren. Den Eischnee vorsichtig unterheben.

3 Ein Backblech mit dem Bratöl bestreichen und den Teig darauf verteilen. Zwetschgen auf den Teig legen und mit Walnüssen bestreuen. Für 12 bis 15 Minuten bei 180 bis 200 °C backen.

4 Für die Vanillesauce 450 Milliliter Milch erhitzen, bis sie anfängt zu köcheln.

5 Puddingpulver mit Zucker und 50 Millilitern Milch vermischen. Die Masse in die köchelnde Milch rühren und die Vanille dazugeben.

6 Die Vanillesauce unter ständigem Rühren kurz aufkochen und dann kurz vor sich hinköcheln lassen. Noch warm zum Pflaumenkuchen servieren.

Für 4 Personen

5 Eier

2 EL Zucker

1 Päckchen Vanillezucker

Salz

150 g Mehl

1 TL Backpulver

4 TL Zimtpulver

350 ml Milch

2 EL Bratöl mit Buttergeschmack (siehe Seite 189)

500 g Zwetschgen, entsteint und halbiert

30 g Walnüsse, gehackt

Für die Vanillesauce

500 ml Milch

½ Päckchen Vanillepuddingpulver

2 EL Zucker

Etwas frische Vanille

Zubereitungszeit: ca. 60 Minuten

Nährwerte pro Person

460 kcal, Kohlenhydratanteil 50 %, Eiweiß 17 %, Fett 33 %

Abendessen
Gesundheitssalat mit Hühnchen

1 Alle Zutaten für das Salatdressing gut miteinander vermengen.

2 Hühnchen in Streifen schneiden und im heißen Olivenöl goldgelb anbraten. Mit Pfeffer, Salz und Scharfmachergewürz abschmecken.

3 Rucola und Salate waschen und klein schneiden, Paprika würfeln, Zwiebel in dünne Scheiben schneiden.

4 Alle Zutaten für den Salat außer dem Hühnchen in eine Schüssel geben und mit dem Dressing vorsichtig vermischen. Vor dem Servieren die Hühnchenstreifen über den Salat legen und alles mit frischen gehackten Kräutern bestreuen.

Dessert
Avocado-Schokoladen-Creme

1 Alle Dessertzutaten bis auf die Minzeblätter in einen Mixer geben und für mehrere Minuten durchrühren, bis die Masse cremig ist. Während des Mixens langsam etwas Wasser dazugeben, bis die gewünschte Konsistenz erreicht ist.

2 Die Creme auf kleine Schüsselchen verteilen und in den Kühlschrank stellen. Vor dem Servieren mit Minzeblättern dekorieren.

Tipp Diesen leckeren Nachtisch können Sie sich auch morgen Mittag noch gönnen. Ziehen Sie damit Ihren Sündenjoker in dieser Woche.

Nährwerte pro Person
740 kcal, Kohlenhydratanteil 25 %, Eiweiß 25 %, Fett 50 %

Für 2 Personen

Für das Zitrus-Honig-Dressing
2 EL Olivenöl
1 TL Speiseleinöl
1 EL Aceto balsamico
1 EL frisch gepresster Zitronensaft
½ TL Meerrettich
1 EL Hefeflocken
1 kleine Knoblauchzehe, gepresst
1 TL Honig
Kräutersalz, Pfeffer aus der Mühle

Für den Salat
250 g Hühnchenbrustfilet
1 EL Olivenöl
Pfeffer aus der Mühle, Salz
Scharfmachergewürz
50 g Rucola
200 g gemischte Blattsalate
½–1 grüne Paprikaschote
½ rote Zwiebel
30 g Walnüsse, gehackt
50 g Blau- oder Fetakäse
50 g Cranberrys
Frische Kräuter, gehackt

Zubereitungszeit: ca. 25 Minuten

Für das Dessert (6 Portionen)
1 reife Avocado
75 g getrocknete Datteln
40–50 g Kakaopulver
Je 1 TL Zimt- und Vanillepulver
60 g Honig oder Agavensirup
Frische Minzeblätter

Zubereitungszeit: ca. 15 Minuten (+ Kühlzeit)

Tag 17 – Mittwoch

Voller Energie durch Woche 3

Selbstvertrauen ist das erste Geheimnis des Erfolgs.
(Ralph Waldo Emerson)

Glauben Sie daran, Ihre Ziele durch die Stoffwechseloffensive zu errei-chen. Fühlen Sie sich leicht – die heutigen Schokorezepte werden dieses Gefühl der Leichtigkeit unterstützen.

Frühstück

Schoko-Banane-Sojamilch

Für 2 Personen
250 ml Sojamilch
100 ml Orangensaft
100 g Banane
2 TL Kakaopulver
25 g Ingwerwurzel
2 EL Weizenkeime
1 TL Zimtpulver
1 Prise Chilipulver
1 Prise Pfeffer aus der Mühle
1 EL Mandelmehl
1 EL Fruchtsauce
70 g Tofu
2 TL Speiseleinöl
1 TL Kurkuma

Zubereitungszeit: ca. 10 Minuten

1 Zutaten in der genannten Reihenfolge bis auf Speise-leinöl und Kurkuma in einen Mixer (Blender) geben.

2 Speiseleinöl und Kurkuma in eine kleine Tasse geben, glatt rühren und in den Mixer geben. Alles 2 bis 3 Minuten gut durchmixen.

Tipp 1 Als zweiten Gang gibt es 100 Gramm Voll-kornbrot mit 20 Gramm Butter und 50 Gramm Marmelade oder Honig (eventuell mit Ingwerscheiben belegt).

Tipp 2 Als dritten Gang gibt es 200 Milliliter Milch (1,5 % Fett) für den Milchkaffee bzw. Cappuccino oder den Drink.

Nährwerte pro Person
600 kcal, Kohlenhydratanteil 53 %, Eiweiß 15 %, Fett 32 %

Mittagessen

Chili non carne

1 Zwiebel abziehen, klein schneiden und 5 Minuten ruhen lassen. Olivenöl auf mittlerer Stufe in einer Pfanne erhitzen und die Zwiebel darin glasig dünsten.

2 Gemüsebrühe leicht erwärmen und die Sojasauce einrühren, danach das Sojagranulat dazugeben, umrühren und ca. 20 Minuten quellen lassen.

3 Sojamischung und Jalapeno in die Pfanne geben und für knappe 15 Minuten köcheln lassen.

4 Mais, Kidneybohnen, Tomaten, Tomatenmark, Gewürze und Knoblauch hinzufügen. Unter ständigem Rühren erwärmen und dann für weitere 20 Minuten vor sich hinkochen lassen. Vor dem Servieren mit Kräutern bestreuen.

Tipp 1 Als Nachtisch gibt es 1 Portion Avocado-Schokoladen-Creme vom Vorabend.

Tipp 2 Sollte Ihnen versehentlich eine zu große Menge Jalapeno in den Topf gerutscht sein – löschen Sie Ihren Gaumen anschließend mit einem Glas Buttermilch.

Für 2 Personen

1 mittelgroße Zwiebel

3 EL Olivenöl

100 ml Gemüsebrühe

1 TL Sojasauce

50 g Sojagranulat

¼–½ Jalapeno, klein gehackt

100 g TK-Mais

100 g Kidneybohnen

½ große Dose Tomaten (600 g)

1 TL Tomatenmark

1 TL Kumin

½ TL Paprikapulver

½ TL Chilipulver

Eventuell Scharfmachergewürz

Salz, Pfeffer aus der Mühle

1 Knoblauchzehe, klein gehackt

Petersilie, Schnittlauch,
Liebstöckel, gehackt

Zubereitungszeit: ca. 60 Minuten

Nährwerte pro Person
780 kcal, Kohlenhydratanteil 47 %, Eiweiß 18 %, Fett 35 %

Abendessen
Hühnchensalat

Für 2 Personen

200 g Hühnchenbrust

2 EL Olivenöl

Pfeffer aus der Mühle, Kräutersalz

Chilipulver

½ Zwiebel

1 Knoblauchzehe

2 Tomaten

¼ Gurke

1 Paprikaschote

50 g Rucola

Für die Salatsauce

100 g Naturjoghurt (1,5 % Fett)

Pfeffer aus der Mühle

Kurkuma

Scharfmachergewürz

1 EL Würzhefe

1–2 TL Currypulver

2 EL Schnittlauchröllchen

Zubereitungszeit: ca. 25 Minuten

Für die Beilage (12 Muffins)

1 Zwiebel

2 Paprikaschoten

2 Eier

4 EL Olivenöl

100 g Maisvollmehl

125 g Weizenvollkornmehl (Type 1700)

½ Päckchen Backpulver

Pfeffer aus der Mühle, Salz

Chilipulver

Zubereitungszeit: ca. 30 Minuten

1 Hühnchenfleisch in grobe Stücke schneiden.

2 Olivenöl auf mittlerer Stufe erhitzen und das Hühnchenfleisch anbraten, bis es goldgelb ist. Mit Pfeffer, Salz und Chili würzen.

3 Zwiebel in kleine Würfel schneiden, Knoblauch durchpressen, beides für mindestens 5 Minuten ruhen lassen. Gemüse in kleine Würfel, Rucola in Streifen schneiden.

4 Alle Zutaten für die Salatsauce miteinander verrühren und alles zu einem Salat zusammenmischen.

Beilage
Mexikanische Muffins

1 Zwiebel und Paprika in kleine Würfel schneiden. Eier schaumig schlagen. Eine Muffinform mit 1 Esslöffel Olivenöl gut einfetten.

2 Mehle mit Backpulver mischen und unter die Eier heben. 3 Esslöffel Olivenöl dazugeben. Sollte der Teig zu fest sein, etwas Wasser unterrühren. Das Ganze mit Pfeffer, Salz und Chili abschmecken, Paprika und Zwiebel dazumischen.

3 Teig auf die 12 Muffinmulden verteilen und für 20 bis 25 Minuten bei 200 °C goldgelb backen.

Tipp Pro Person gibt es 2 Muffins zum Hühnchensalat. Die restlichen Muffins können Sie einfrieren.

Nährwerte pro Person

481 kcal, Kohlenhydratanteil 35 %, Eiweiß 29 %, Fett 36 %

Tag 18 – Donnerstag

Voller Energie durch Woche 3

Wenn du ärgerlich bist, erinnere dich daran, dass das Leben nur einen Augenblick währt. (Marc Aurel)

Ärger lohnt sich nicht. Werten Sie Negatives als lohnende Erfahrung. Haken Sie Vergangenes ab und wandeln Sie Ärger in Verständnis und Liebe. Heute ist wieder »Gute-Laune-Muskeltraining«: Wenn Sie negative Gedanken einmal nicht wegbekommen, machen Sie sofort Ihr Kräftigungsprogramm (siehe Seite 174f.) mit ein paar Wiederholungen mehr. Anschließend werden Sie mit guten Gedanken durchflutet sein.

Frühstück
Himbeer-Heidelbeer-Banane-Drink

1 Zutaten in der genannten Reihenfolge bis auf Speiseleinöl und Kurkuma in einen Mixer (Blender) geben.

2 Speiseleinöl und Kurkuma in eine kleine Tasse geben, glatt rühren und in den Mixer geben. Alles 2 bis 3 Minuten gut durchmixen.

Tipp 1 Als zweiten Gang gibt es 2 Brezen (alternativ 2 bis 3 Scheiben Vollkornbrot bzw. -brötchen) mit 20 Gramm Butter.

Tipp 2 Als dritten Gang gibt es 200 Milliliter Milch (1,5 % Fett) für den Milchkaffee bzw. Cappuccino oder den Drink.

Nährwerte pro Person
600 kcal, Kohlenhydratanteil 50 %, Eiweiß 16 %, Fett 34 %

Für 2 Personen
250 ml Buttermilch
100 ml Orangensaft
1 reife Banane
100 g Himbeer-Heidelbeer-Mix
25 g Ingwerwurzel
2 EL Weizenkeime
1 TL Zimtpulver
1 Prise Chilipulver
1 Prise Pfeffer aus der Mühle
1 EL Mandelmehl
1 EL Fruchtsauce
50 g Tofu
2 TL Speiseleinöl
1 TL Kurkuma

Zubereitungszeit: ca. 10 Minuten

Mittagessen
Afrikanisches Gemüsequinoa

Für 2 Personen

140 g Quinoa
½ Zwiebel
1 Knoblauchzehe
1 EL Olivenöl
200 g Tofu
1 gelbe Paprikaschote
150 g Champignons
Kräutersalz, Pfeffer aus der Mühle
1 TL Chilipulver
1 EL Hefeflocken
1 TL Paprikapulver
1 kleine Dose Tomaten
Frische Petersilie, gehackt

Zubereitungszeit: ca. 25 Minuten

1 Quinoa mindestens 2-mal mit Wasser abspülen. In Wasser im Verhältnis 2 : 1 (2 Teile Wasser, 1 Teil Quinoa) kurz aufkochen und dann auf kleiner Stufe für mindestens 25 Minuten vor sich hinköcheln lassen.

2 Zwiebel in kleine Würfel schneiden, Knoblauch durchpressen, beides für mindestens 5 Minuten ruhen lassen.

3 Olivenöl auf mittlerer Stufe erhitzen und die Zwiebel darin anbraten.

4 Tofu und Paprika in kleine Würfel schneiden, Pilze vierteln. In die Pfanne zur Zwiebel geben und gut anbraten. Mit Salz, Pfeffer, Chili, Hefeflocken, Knoblauch und Paprikapulver abschmecken. Tomaten mit Saft dazugeben und das Ganze für weitere 5 Minuten köcheln lassen.

5 Den gegarten Quinoa dazumischen und alles mit Petersilie bestreut servieren.

Nährwerte pro Person
461 kcal, Kohlenhydratanteil 44 %, Eiweiß 25 %, Fett 31 %

Abendessen
Gazpacho mit Spiegelei

Für 2 Personen
½ kleine Zwiebel
1 grüne Paprikaschote
½ Gurke
1000 ml passierte Tomaten
1 Knoblauchzehe
1 TL Speiseleinöl
1 TL Meerrettich
20 g Mandelmehl
1 TL Hefeflocken
150 g Seidentofu
20 g frische Kräuter, gehackt
10 g Ingwerwurzel
Kräutersalz, Pfeffer aus der Mühle
Kurkuma
Chilipulver

Für die Spiegeleier
2 EL Bratöl mit Buttergeschmack
(siehe Seite 189)
4 Eier
Kräutersalz, Pfeffer aus der Mühle
Chilipulver
2 Scheiben Vollkornbrot

Zubereitungszeit: ca. 15 Minuten

1 Zwiebel abziehen, das Gemüse waschen und alles grob zerkleinern.

2 Zusammen mit den restlichen Zutaten mit einem Pürierstab fein zerkleinern. Gazpacho bis zum Servieren in den Kühlschrank stellen.

3 Bratöl in einer Pfanne erhitzen, 4 Spiegeleier braten und mit Salz, Pfeffer und Chili leicht bestreuen.

4 Zusammen mit Gazpacho und 1 Scheibe Vollkornbrot pro Person servieren.

Tipp 1 Denken Sie daran, dass Ihr Vollkornbrot immer auf Sauerteigbasis gebacken sein sollte. Ihr Körper kann dann nämlich aus dem Vollkorn wesentlich mehr Eisen, Magnesium, Chrom, Mangan und Selen verwerten.

Tipp 2 Spiegeleier sollten durchgebraten, aber nicht braungebraten sein. Braunfärbungen des Eiweißes entstehen bei zu langer großer Hitze – diese Eiweißanteile kann der Körper nicht mehr verwerten (Maillard-Reaktion).

Nährwerte pro Person
478 kcal, Kohlenhydratanteil 29 %, Eiweiß 27 %, Fett 44 %

Tag 19 – Freitag

Voller Energie durch Woche 3

Nur das fröhliche Herz ist fähig, Wohlgefallen am Guten zu finden.
(Immanuel Kant)

Betrachten Sie die Welt durch Ihre positive Brille. Sie können sich Ihre Gedanken und Einstellungen selbst formen und schaffen sich dadurch eine glücklichere Welt.

Frühstück
Heidelbeer-Banane-Drink

1 Zutaten in der genannten Reihenfolge bis auf Speiseleinöl und Kurkuma in einen Mixer (Blender) geben.

2 Speiseleinöl und Kurkuma in eine kleine Tasse geben, glatt rühren und in den Mixer geben. Alles 2 bis 3 Minuten gut durchmixen.

Tipp 1 Als zweiten Gang gibt es 3 Scheiben Vollkornbrot mit 50 Gramm Erdnussbutter (alternativ: Nuss-Nougat-Creme).

Tipp 2 Als dritten Gang gibt es 200 Milliliter Milch (1,5 % Fett) für den Milchkaffee bzw. Cappuccino oder den Drink.

Nährwerte pro Person (mit Erdnussbutterbrot)
650 kcal, Kohlenhydratanteil 48 %, Eiweiß 19 %, Fett 33 %

Nährwerte pro Person (mit Nuss-Nougat-Creme-Brot)
630 kcal, Kohlenhydratanteil 55 %, Eiweiß 16 %, Fett 29 %

Für 2 Personen

250 g Naturjoghurt (3,5 % Fett)
100 g Banane
100 g Heidelbeeren
25 g Ingwerwurzel
2 EL Weizenkeime
1 TL Zimtpulver
1 Prise Chilipulver
1 Prise Pfeffer aus der Mühle
1 EL Mandelmehl
1 EL Fruchtsauce
70 g Tofu
100 ml Milch (1,5 % Fett)
100 ml Orangensaft
2 TL Speiseleinöl
1 TL Kurkuma

Zubereitungszeit: ca. 10 Minuten

Mittagessen

Linguine mit Shrimps-Tomaten-Sahne-Sauce

Für 2 Personen

150 g Linguine

1 kleine Zwiebel

3 EL Olivenöl

200 g Shrimps

1 Knoblauchzehe, durchgepresst

3 mittelgroße Tomaten

Pfeffer aus der Mühle, Kräutersalz

Chilipulver oder
Scharfmachergewürz

100 g Sauerrahm (10 % Fett)

1 EL Würzhefe

1 Handvoll frisches Basilikum,
gehackt

Zubereitungszeit: ca. 35 Minuten

1 Linguine nach Packungsanleitung garen.

2 Zwiebel fein würfeln, 5 Minuten ruhen lassen, anschließend bei mittlerer Hitze im Olivenöl goldgelb anbraten. Shrimps und Knoblauch dazugeben und für weitere 5 Minuten braten.

3 Die Tomaten fein würfeln und ebenfalls in die Pfanne geben. Mit Pfeffer, Salz, Chili oder Scharfmachergewürz abschmecken und für etwa 3 Minuten auf mittlerer Stufe köcheln lassen.

4 Sauerrahm und Würzhefe dazugeben und die Sauce kurz warm werden lassen.

5 Vor dem Servieren mit Basilikum bestreuen und die Linguine dazu reichen.

Tipp Dieses Gericht kann auch mit frischem Lachsfilet, geräuchertem Lachs oder Hühnerbrustfilet zubereitet werden und bietet somit viele Variationsmöglichkeiten mit wenig Arbeit.

Nährwerte pro Person
559 kcal, Kohlenhydratanteil 47 %, Eiweiß 20 %, Fett 33 %

Das Foto zu diesem Rezept finden Sie auf dem Umschlag.

Abendessen
Gemüseauflauf

1 Karotten in dünne Ringe, Kohlrabi in Würfel schneiden. Beides ca. 15 Minuten dämpfen.

2 Karotten und Kohlrabi zusammen mit den Erbsen in eine feuerfeste Form geben.

3 Die Eier mit Milch und Olivenöl verquirlen, mit Kräutern, Pfeffer, Salz und Scharfmachergewürz abschmecken, über das Gemüse geben und im Ofen bei 180 °C ca. 20 Minuten garen.

Für 4 Personen

1 kg Karotten

200 g Kohlrabi

300 g Erbsen

6 Eier

500 ml Milch (1,5 % Fett)

2 EL Olivenöl

100 g Kräutermischung

Pfeffer aus der Mühle, Salz

Scharfmachergewürz

Zubereitungszeit: ca. 45 Minuten

Dessert
Erdbeeren mit Sahne

1 Erdbeeren vierteln, in eine Schüssel geben, mit Zucker bestreuen und etwas durchziehen lassen.

2 Nach dem Gemüseauflauf mit geschlagener Sahne servieren.

Für das Dessert (2 Portionen)

400 g Erdbeeren

10 g Zucker

100 g Sahne (10 % Fett)

Zubereitungszeit: ca. 10 Minuten

Tipp Keine Angst vor der Sahne: Die darin enthaltenen gesättigten Fettsäuren sind überwiegend kurzkettige Fettsäuren für den Darm und erhöhen die Entzündungswerte nicht.

Nährwerte pro Person
445 kcal, Kohlenhydratanteil 38 %, Eiweiß 22 %, Fett 40 %

Tag 20 – Samstag

Voller Energie durch Woche 3

Nie in die ferne Zeit verliere dich – den Augenblick ergreife. Der ist dein.
(Friedrich von Schiller)

Leben Sie im Jetzt und seien Sie zu 100 % immer anwesend. So sehen Sie die kleinen Freuden des Tages. Achten Sie beim heutigen Lauftraining (siehe Seite 27) auf die kleinen Sachen: fröhliche Gesichter, schöne Ausblicke, Bäume und Landschaften.

Frühstück
Mexikanisches Omelett

Für 2 Personen

1 Zwiebel

2 EL Bratöl mit Buttergeschmack (siehe Seite 189)

3 Eier

50 ml Milch (1,5 % Fett)

150 g Bohnen aus der Dose

100 g TK-Mais, aufgetaut

Pfeffer aus der Mühle, Salz

Scharfmachergewürz

25 g Kräutermischung

2 Scheiben Vollkornbrot

Zubereitungszeit: ca. 20 Minuten

1 Zwiebel würfeln und 5 Minuten ruhen lassen.

2 Öl in einer Bratpfanne erhitzen und die Zwiebel darin glasig dünsten.

3 Eier in eine Schüssel schlagen, die anderen Zutaten außer dem Vollkornbrot dazugeben und alles gut miteinander verquirlen.

4 Die Mischung in die Pfanne geben und durchbraten. Mit Vollkornbrot servieren.

Nährwerte pro Person
530 kcal, Kohlenhydratanteil 50 %, Eiweiß 16 %, Fett 34 %

Mittagessen
Vegetarische Spaghetti Bolognese

Für 2 Personen

150 g Vollkornspaghetti
2 EL Tomatenmark
Ca. 100 ml Gemüsebrühe
1 EL Sojasauce
50 g Sojagranulat
1 mittelgroße Zwiebel, gehackt
1 Knoblauchzehe, gehackt
2–3 EL Olivenöl
300 g Tomaten aus der Dose
½ TL Scharfmachergewürz
Salz, Cayennepfeffer
1 TL frisches Basilikum, gehackt
1 TL Thymian
1 EL Würzhefe
40 g Parmesan, frisch gerieben

Zubereitungszeit: ca. 25 Minuten

Für das Dessert (6 Portionen)

Für die Buttermilchcreme

4–5 Blatt Gelatine
350 ml Buttermilch
150 ml Kokosnussmilch
2 Päckchen Vanillezucker
2–4 EL Honig
1 Messerspitze frische Vanille
Saft von 1 Limette

Für die Sauce

400 g frische, reife Ananas
1 cm Ingwerwurzel
100 ml Orangensaft
Frische Minzeblätter

Zubereitungszeit: ca. 20 Minuten (+ Kühlzeit)

1 Spaghetti nach Packungsanleitung bissfest garen.

2 Etwas Wasser aufkochen, Tomatenmark, Brühe und Sojasauce einrühren, danach das Sojagranulat dazugeben, umrühren und ca. 20 Minuten quellen lassen.

3 Zwiebel und Knoblauch im heißen Olivenöl in einer Pfanne anbraten. Sojamischung und Tomaten dazugeben, mit den Gewürzen abschmecken und weitere 15 Minuten köcheln lassen.

4 Kräuter und die Würzhefe dazugeben. Spaghetti mit der Sauce servieren und mit Parmesan bestreuen.

Dessert
Buttermilchcreme mit feuriger Sauce

1 Für die Buttermilchcreme die Gelatine ca. 5 Minuten in kaltem Wasser einweichen und anschließend gut ausdrücken. Alle Zutaten für die Creme außer der Gelatine in einen Mixer geben und gründlich durchschlagen.

2 Die Gelatine erwärmen, bis sie sich vollständig aufgelöst hat, und unter ständigem Rühren zur Creme geben. Creme für 1 bis 3 Stunden kalt stellen, bis sie fest geworden ist.

3 Für die Sauce die Ananas und den geschälten Ingwer in kleine Stücke schneiden. Mit dem Orangensaft in einen Mixer geben und alles so lange schlagen, bis keine Stückchen mehr enthalten sind. Die gekühlte Buttermilchcreme mit der Sauce übergießen und mit Minze dekorieren.

Tipp Heute und morgen Mittag ein Genuss!

Nährwerte pro Person
748 kcal, Kohlenhydratanteil 49 %, Eiweiß 21 %, Fett 30 %

Abendessen
Mediterrane Reispfanne

1 Reis nach Packungsanleitung garen.

2 Zwiebel in kleine Würfel schneiden, Knoblauch durchpressen, beides für mindestens 5 Minuten ruhen lassen.

3 Olivenöl in einer Pfanne erhitzen und die Zwiebel darin goldgelb braten.

4 Paprika, Tomatenstücke, Putenfleisch und Oliven dazugeben und alles für etwa 10 Minuten braten.

5 Knoblauch und Feta dazugeben und alles mit Pfeffer und Salz abschmecken. Gut umrühren und den Reis untermischen. Vor dem Servieren mit Schnittlauch bestreuen.

Tipp Hierzu sollte ein Gläschen Rotwein nicht fehlen. 5 Gläschen Rotwein pro Woche bieten einen tollen Krebsschutz.

Nährwerte pro Person
558 kcal, Kohlenhydratanteil 36 %, Eiweiß 21 %, Fett 43 %

Turboversion Nur 40 Gramm Vollkornreis, dafür 160 Gramm Putenfleisch verwenden.

Für 2 Personen
80 g Vollkornreis
1 mittelgroße Zwiebel
1 Knoblauchzehe
2–3 EL Olivenöl
1 ½ Paprikaschoten, gewürfelt
50 g getrocknete Tomaten, klein geschnitten
125 g Putenfleisch, in grobe Stücke geschnitten
50 g Oliven, klein geschnitten
70 g Fetakäse, zerbröckelt
Pfeffer aus der Mühle, Salz
2 EL Schnittlauchröllchen

Zubereitungszeit: ca. 40 Minuten

Tag 21 – Sonntag

Voller Energie durch Woche 3

Eine mächtige Flamme entsteht aus einem winzigen Funken.
(Dante Alighieri)

Glückwunsch, Sie haben drei Wochen lang mit Freude etwas für Ihre Stoffwechseloffensive getan. Bleiben Sie dabei – die Ernte hat begonnen und wird zunehmend üppiger ausfallen. Schnüren Sie mit diesen Gedanken im Herzen heute Ihre Laufschuhe.

Frühstück
Pancakes mit Obstsalat

Für 2 Personen
75 g Apfel
75 g Birne
75 g Banane
50 g Ananas
125 g Weintrauben
50 g Walnüsse, gehackt
250 g Hüttenkäse
2 Eier
5 g Zucker
250 ml Milch (1,5 % Fett)
½ Päckchen Backpulver
1 Messerspitze Haushaltsnatron
100 g Weizenmehl (Type 1050)
1 TL Bratöl mit Buttergeschmack (siehe Seite 189)

Zubereitungszeit: ca. 20 Minuten

1 Obst klein schneiden und zu einem Salat mischen. Walnüsse und Hüttenkäse unterheben.

2 Für die Pancakes die Eier mit dem Zucker schaumig schlagen, die Milch dazugeben und das mit Backpulver und Natron vermischte Mehl darübersieben. Das Ganze vorsichtig mit einem Schneebesen zu einem recht flüssigen Teig verrühren.

3 In einer beschichteten Pfanne das Bratöl erhitzen und den Teig auf mittlerer Stufe ausbacken. Die fertigen Pancakes bei ca. 100 °C im Backofen warm halten. Zusammen mit dem Obstsalat servieren.

Tipp Pro Person gibt es dazu 1 großen Milchkaffee oder Cappuccino.

Nährwerte pro Person
800 kcal, Kohlenhydratanteil 43 %, Eiweiß 20 %, Fett 37 %

Das Foto zu diesem Rezept finden Sie auf Seite 141.

Mittagessen
Salat mit Tofu, Pute und Ei

1 Zwiebel in kleine Stücke schneiden, Knoblauch durchpressen, beides für ca. 5 Minuten ruhen lassen.

2 Alle Zutaten für die Salatsauce sowie Knoblauch miteinander verrühren.

3 Salat und Rucola mischen. Tomaten in Scheiben schneiden, Tofu würfeln und Oliven halbieren.

4 Olivenöl auf mittlerer Stufe in einer Pfanne erhitzen und Tofu goldgelb braten. Mit Salz, Pfeffer, Scharfmachergewürz und Sojasauce würzen.

5 Eier vierteln, Putenscheiben halbieren und aufrollen.

6 Salat mit der Sauce vermengen, auf Teller verteilen und mit Eiern, Tofu, Putenfleisch, Tomaten und Oliven anrichten. Mit dem Brot servieren.

Tipp Als Nachtisch gibt es die Buttermilchcreme von gestern.

Nährwerte pro Person
850 kcal, Kohlenhydratanteil 41 %, Eiweiß 20 %, Fett 39 %

Für 2 Personen

½ Zwiebel

1 Knoblauchzehe

150 g gemischte Salatblätter

60 g Rucola

2–3 Tomaten

100 g Tofu

50 g schwarze Oliven

1 EL Olivenöl

Salz, Pfeffer aus der Mühle

Scharfmachergewürz

1 EL Sojasauce

2 Eier, hart gekocht

4 Scheiben fettarme Putenbrust à 25 g

4 Scheiben Vollkornbrot

Für die Salatsauce

2 EL Aceto balsamico rosso

1 EL Senf

1 TL Meerrettich

2 EL frischer Schnittlauch, gehackt

2 EL Olivenöl

1 EL Würzhefe

1 TL Honig

Salz, Pfeffer aus der Mühle

Zubereitungszeit: ca. 25 Minuten

Abendessen

Meeresfrüchterisotto à la Torsten Oelscher *

Für 2 Personen

1 kleine Zwiebel

4 EL Olivenöl

120 g Risottoreis

2 Knoblauchzehen, klein gehackt

250 ml Hühner- oder Gemüsebrühe

2 EL Sahne

25 g Parmesan, frisch gerieben

2 EL frische Petersilie, gehackt

400 g TK-Meeresfrüchte (Shrimps, Muscheln …), aufgetaut

Pfeffer aus der Mühle, Salz

Zubereitungszeit: ca. 40 Minuten

1 Zwiebel fein hacken und für mindestens 5 Minuten ruhen lassen. Olivenöl auf mittlerer Stufe erhitzen und die Zwiebel darin glasig dünsten.

2 Risottoreis und Knoblauch dazugeben. 1 Minute weiterrühren und dann mit etwas Brühe ablöschen, sodass der Reis gerade bedeckt ist.

3 Rühren, bis die Flüssigkeit verdampft ist, dann wieder etwas Brühe dazugeben usw. (25 bis 30 Minuten lang). Bitte die Flüssigkeit nicht auf einmal hineingeben, sonst wird der Risotto nicht sämig.

4 Wenn der Reis fast gar ist (er sollte noch bissfest sein), die Herdplatte abschalten. Sahne, Parmesan, Petersilie und die Meeresfrüchte dazugeben, den Deckel auf den Topf setzen und alles 3 Minuten ziehen lassen, damit die Meeresfrüchte erhitzt werden.

5 Das Ganze mit Pfeffer und Salz abschmecken.

Nährwerte pro Person
578 kcal, Kohlenhydratanteil 33 %, Eiweiß 29 %, Fett 38 %

* alias Parisian aus der Achim-Achilles-Läufercommunity

Tag 22 – Montag
Voller Energie durch Woche 4

Ein Sonnenstrahl reicht, um viel Dunkel zu erhellen. (Franz von Assisi)

Schenken Sie am heutigen Tag Ihren Mitmenschen ein Lächeln, ein gutes Wort und schöne Gedanken und spüren Sie, wie gut es Ihnen dabei geht. Nicht vergessen: Heute steht Muskelkräftigung auf dem Plan (siehe Seite 174f.).

Frühstück
Himbeer-Waldbeer-Banane-Drink

Für 2 Personen
250 ml Buttermilch
100 ml Orangensaft
1 reife Banane
100 g Himbeer-Waldbeer-Mischung
25 g Ingwerwurzel
2 EL Weizenkeime
1 TL Zimtpulver
1 Prise Chilipulver
1 Prise Pfeffer aus der Mühle
1 EL Mandelmehl
1 EL Fruchtsauce
50 g Tofu
2 TL Speiseleinöl
1 TL Kurkuma

Zubereitungszeit: ca. 10 Minuten

1 Zutaten in der genannten Reihenfolge bis auf Speiseleinöl und Kurkuma in einen Mixer (Blender) geben.

2 Speiseleinöl und Kurkuma in eine kleine Tasse geben, glatt rühren und in den Mixer geben. Alles 2 bis 3 Minuten gut durchmixen.

Tipp 1 Als zweiten Gang gibt es 2 Brezen (alternativ 2 bis 3 Scheiben Vollkornbrot bzw. -brötchen) mit 20 Gramm Butter.

Tipp 2 Als dritten Gang gibt es 200 Milliliter Milch (1,5 % Fett) für den Milchkaffee bzw. Cappuccino oder den Drink.

Nährwerte pro Person
600 kcal, Kohlenhydratanteil 50 %, Eiweiß 16 %, Fett 34 %

Mittagessen
Fisch aus dem Wok à la Dennis Rösch *

1 Reis nach Packungsanleitung garen.

2 Gemüsemix im heißen Olivenöl im Wok (oder einer Pfanne) anbraten.

3 Lachsfilets in den Wok oder die Pfanne legen und mitbraten, Ingwer dazugeben.

4 Mit Salz, Pfeffer und Wein abschmecken. Zum Reis servieren.

Tipp 1 Für den feinen Geschmack: Ingwer mit einer Ingwerreibe zerkleinern.

Tipp 2 Wenn Sie eine geöffnete Rotweinflasche haben, können Sie auch 3 Esslöffel Rotwein statt Weißwein verwenden.

Nährwerte pro Person
620 kcal, Kohlenhydratanteil 48 %, Eiweiß 18 %, Fett 34 %

* Chefkoch vom »Reefs« in Tübingen, Deutschlands erstes Restaurant mit Lauf-Diät-Gerichten

Für 2 Personen
180 g Vollkornreis
200 g gemischtes frisches Gemüse
2 EL Olivenöl
200 g Lachsfilets
10 g Ingwerwurzel, klein gehackt
Salz, Pfeffer aus der Mühle
3 EL Weißwein

Zubereitungszeit: ca. 40 Minuten

Abendessen
Orientalischer Couscoussalat

Für 2 Personen

120 g Couscous

½ mittelgroße Zwiebel

1 Knoblauchzehe

2 EL Olivenöl

350 g Zucchini

60 g Fetakäse

55 g Oliven

200 g Hüttenkäse

Pfeffer aus der Mühle, Salz

Frisches Basilikum, gehackt

Zubereitungszeit: ca. 30 Minuten

1 Couscous nach Packungsanleitung garen.

2 Zwiebel in kleine Stücke schneiden, Knoblauch durchpressen, beides für mindestens 5 Minuten ruhen lassen.

3 In einer Pfanne das Olivenöl auf mittlerer Stufe erhitzen und die Zwiebel darin 5 Minuten anbraten.

4 Zucchini in kleine Würfel schneiden, in die Pfanne geben und alles weiterbraten.

5 Feta und Oliven in kleine Stücke schneiden.

6 Alle Zutaten zu einem Salat mischen, mit Pfeffer und Salz abschmecken und mit Basilikum bestreuen.

Nährwerte pro Person

611 kcal, Kohlenhydratanteil 35 %, Eiweiß 20 %, Fett 45 %

Turboversion Nur 60 Gramm Couscous verwenden, dafür 1 ganze Zwiebel und 150 Gramm Zucchini zusätzlich.

Tag 23 – Dienstag
Voller Energie durch Woche 4

Wer das Ziel nicht weiß, kann den Weg nicht haben.
(Christian Morgenstern)

Seien Sie sich stets Ihrer Ziele bewusst – und warum Sie diese Ziele erreichen wollen. An jedem Tag bilden Sie 100 Milliarden neue Körperzellen. Mit der stoffwechseloffensiven Ernährung der Lauf-Diät haben Sie die Sicherheit, dass diese 100 Milliarden Zellen topversorgt werden. So schaffen Sie Ihre Ziele.

Frühstück
Heidelbeer-Banane-Drink

1 Zutaten in der genannten Reihenfolge bis auf Speiseleinöl und Kurkuma in einen Mixer (Blender) geben.

2 Speiseleinöl und Kurkuma in eine kleine Tasse geben, glatt rühren und in den Mixer geben. Alles 2 bis 3 Minuten gut durchmixen.

Tipp 1 Als zweiten Gang gibt es pro Person 2 Spiegeleier, zubereitet in etwas Bratöl mit Buttergeschmack (siehe Seite 189), dazu 3 Scheiben Vollkornbrot.

Tipp 2 Als dritten Gang gibt es 200 Milliliter Milch (1,5 % Fett) für den Milchkaffee bzw. Cappuccino oder den Drink.

Nährwerte pro Person
640 kcal, Kohlenhydratanteil 49 %, Eiweiß 19 %, Fett 32 %

Für 2 Personen
250 ml Sojamilch
100 ml Orangensaft
100 g Banane
100 g Heidelbeeren
25 g Ingwerwurzel
2 EL Weizenkeime
1 TL Zimtpulver
1 Prise Chilipulver
1 Prise Pfeffer aus der Mühle
1 EL Mandelmehl
1 EL Fruchtsauce
70 g Tofu
2 TL Speiseleinöl
1 TL Kurkuma

Zubereitungszeit: ca. 10 Minuten

Mittagessen
Pizza Margherita mit grünem Salat

Für 6 Personen

Für die Pizza

20 g Hefewürfel

1 TL Zucker oder Honig

500 g Weizenvollkornmehl
(Type 1050)

Salz

5 EL Olivenöl

700 g Tomaten

1 große Zwiebel

250 g Mozzarella

Pfeffer aus der Mühle

100 g italienische
Kräutermischung

1 Knoblauchzehe, fein gehackt

Für den Salat

1 Zwiebel

1 EL Speiseleinöl

1 EL Olivenöl

200 g Hüttenkäse

1 ½ EL Essig

1 TL Hefeflocken

1 TL mittelscharfer Senf

1 TL Meerrettich

50 g Walnüsse, gehackt

Salz, Pfeffer aus der Mühle

Italienische Kräutermischung

1 kg Kopfsalat

Zubereitungszeit: ca. 50 Minuten
(+ Gehzeit des Teigs)

1 Hefe zerbröckeln und Zucker oder Honig dazugeben. Aufgelöste Hefe über das Mehl geben.

2 Etwas Wasser, Salz und 1 Esslöffel Olivenöl dazugeben und alles zu einem elastischen Teig kneten. (Achtung, die Hefe darf nicht direkt mit dem Öl und dem Salz in Berührung kommen – sie verliert sonst ihre Triebkraft. Also erst die Hefe mit etwas Mehl vermischen.) Den Hefeteig zugedeckt ca. 30 Minuten gehen lassen.

3 In der Zwischenzeit Tomaten in Scheiben und Zwiebel in feine Ringe schneiden, Mozzarella zerzupfen.

4 Teig durchkneten und zu einem dünnen Boden ausrollen. Mit Tomaten, Zwiebel und Mozzarella belegen, mit Salz, Pfeffer und der Kräutermischung würzen. Knoblauch mit dem restlichen Olivenöl vermischen und über die Pizza träufeln. Bei 200 °C ca. 25 bis 30 Minuten backen.

5 Für den Salat die Zwiebel in kleine Würfel schneiden und für ca. 5 Minuten ruhen lassen.

6 Lein- und Olivenöl, Hüttenkäse, Essig, Hefeflocken, Senf, Meerrettich und Walnüsse sowie Salz, Pfeffer und Kräuter zu einer pikanten Salatsauce vermischen.

7 Den zerzupften Kopfsalat erst kurz vor dem Servieren in die Salatsauce geben.

Tipp Als Nachtisch gibt es pro Person 1 Apfel.

Nährwerte pro Person
633 kcal, Kohlenhydratanteil 45 %, Eiweiß 18 %, Fett 37 %

Abendessen
Lachssalat

1 Zwiebel in feine Ringe schneiden, Knoblauch durchpressen, beides für mindestens 5 Minuten ruhen lassen.

2 Salatblätter und Rucola zerzupfen, Tomaten in Scheiben, Lachs in Streifen schneiden.

3 Alle Zutaten für die Salatsauce sowie den Knoblauch miteinander verrühren, mit dem Salat vermengen. Zusammen mit Tomaten, Zwiebel und Lachs auf einem Teller anrichten. Das Brot dazureichen.

Dessert
Schoko-Banane-Joghurt mit Chili

1 Alle Zutaten in einen Mixer geben und für mindestens 3 Minuten gut durchschlagen.

2 Sofort genießen oder einige Zeit kalt stellen.

Tipp Sie können Ihren Sündenjoker ziehen und eine weitere Portion Nachtisch essen – oder Sie verschenken die restlichen Portionen an Freunde.

Nährwerte pro Person
569 kcal, Kohlenhydratanteil 39 %, Eiweiß 24 %, Fett 37 %

Turboversion Das Vollkornbrot zum Salat weglassen.

Für 2 Personen
½ rote Zwiebel
1 Knoblauchzehe
150 g gemischte Salatblätter
50 g Rucola
2 mittelgroße Tomaten
200 g geräucherter Lachs
2 Scheiben Vollkornbrot

Für die Salatsauce
1 EL Olivenöl
2 EL Aceto balsamico
1 EL Würzhefe
1 TL Honig
Salz, Pfeffer aus der Mühle
Frisches Basilikum, gehackt
1 TL Senf
2 EL Orangensaft
2 EL Schnittlauchröllchen

Zubereitungszeit: ca. 15 Minuten

Für das Dessert (6 Portionen)
500 g Naturjoghurt (3,5 % Fett)
50 g Honig
2 EL Kakaopulver
1 sehr reife Banane
1 Prise Pfeffer aus der Mühle
1 Prise Chilipulver

Zubereitungszeit: ca. 10 Minuten

Tag 24 – Mittwoch
Voller Energie durch Woche 4

Freude an der Arbeit lässt das Werk trefflich geraten. (Aristoteles)

Lieben Sie Ihre Arbeit oder überlegen Sie, wie Sie diese verändern können, damit Sie an jedem Tag Freude und Glück daraus ziehen. Vielleicht fallen Ihnen beim heutigen Lauftraining (siehe Seite 27) ein paar Kleinigkeiten dazu ein, die eine große Wirkung haben werden. Falls Sie heute Laufpause haben, machen Sie einen kleinen Spaziergang.

Frühstück
Erdbeer-Banane-Drink

Für 2 Personen
250 ml Sojamilch
100 ml Orangensaft
100 g Banane
100 g Erdbeeren
25 g Ingwerwurzel
1 TL Zimtpulver
1 Prise Chilipulver
1 Prise Pfeffer aus der Mühle
1 EL Mandelmehl
1 EL Fruchtsauce
50 g Tofu
2 TL Speiseleinöl
1 TL Kurkuma

Zubereitungszeit: ca. 10 Minuten

1 Zutaten in der genannten Reihenfolge bis auf Speiseleinöl und Kurkuma in einen Mixer (Blender) geben.

2 Speiseleinöl und Kurkuma in eine kleine Tasse geben, glatt rühren und in den Mixer geben. Alles 2 bis 3 Minuten gut durchmixen.

Tipp 1 Als zweiten Gang gibt es 150 Gramm Vollkornbrot mit 10 Gramm Butter und 70 Gramm Käse (z. B. Emmentaler, 45 % Fettgehalt).

Tipp 2 Als dritten Gang gibt es 200 Milliliter Milch (1,5 % Fett) für den Milchkaffee bzw. Cappuccino oder den Drink.

Nährwerte pro Person
630 kcal, Kohlenhydratanteil 48 %, Eiweiß 17 %, Fett 35 %

Mittagessen
Gemüsepfanne à la Ingalena Heuck *

1 Nudeln nach Packungsanleitung garen.

2 Zucchini in Stücke schneiden. Olivenöl in einer Pfanne erhitzen und Zwiebeln darin glasig dünsten. Zucchini dazugeben und mitbraten. Tomaten vierteln und dazugeben, ebenfalls Knoblauch, Nudeln und Gewürze, umrühren und 5 Minuten ziehen lassen. Zwischendurch immer wieder wenden.

3 Kräuter und Parmesan über das Ganze geben und 2 Minuten ziehen lassen. Auf Teller verteilen, mit Basilikum anrichten.

Nährwerte pro Person

700 kcal, Kohlenhydratanteil 46 %, Eiweiß 19 %, Fett 35 %

* LG Stadtwerke München, deutsche Meisterin im Halbmarathon

Für 2 Personen

140 g Nudeln

600 g Zucchini

4 EL Olivenöl

2 Zwiebeln, gehackt

500 g Tomaten

1 Knoblauchzehe, gehackt

5 g Gewürzmischung: Pfeffer aus der Mühle, Kräutersalz, Scharfmachergewürz

40 g frische Kräutermischung, gehackt

60 g Parmesan, frisch gerieben

10 g frisches Basilikum

Zubereitungszeit: ca. 30 Minuten

Abendessen
Tilapia mit Tomaten und Kapern

Für 2 Personen

2 EL Olivenöl

1 Zwiebel, klein gewürfelt

200 g Tilapia (2 Filets)

3 mittelgroße Tomaten, gewürfelt

3 EL Kapern

1 Chilischote, klein gehackt

2 Knoblauchzehen, in dünne Scheiben geschnitten

Pfeffer aus der Mühle, Salz

Frisches Basilikum, gehackt

Zubereitungszeit: ca. 35 Minuten

1 Olivenöl in einer Pfanne auf mittlerer Stufe erhitzen. Zwiebel darin goldgelb braten.

2 Tilapiafilets auf die Zwiebel legen und den Fisch nach ca. 4 Minuten wenden. Die zweite Seite für 3 Minuten braten.

3 Tomaten, Kapern, Chili, Knoblauch, Pfeffer und Salz dazugeben und das Ganze für weitere 5 Minuten sanft köcheln lassen.

4 Kurz vor dem Servieren mit Basilikum bestreuen.

Für das Dessert (6 Portionen)

400 g Seidentofu

60 g Honig oder Agavensirup

40 g Kakaopulver

1 TL Kardamom

2 TL Zimtpulver

200 g frische Erdbeeren oder andere Beeren

Zubereitungszeit: ca. 15 Minuten (+ Kühlzeit)

Dessert
Zimt-Schoko-Pudding

1 Alle Zutaten bis auf die Beeren in einen Mixer geben und für mehrere Minuten durchmixen, bis die Masse cremig wird.

2 Erdbeeren in kleine Stücke schneiden.

3 Pudding in Schälchen füllen und die Erdbeeren auf die Masse setzen. Sofort servieren oder vorher kalt stellen.

Nährwerte pro Person

358 kcal, Kohlenhydratanteil 31 %, Eiweiß 30 %, Fett 39 %

Tag 25 – Donnerstag

Voller Energie durch Woche 4

Die einzige Konstante im Universum ist die Veränderung.
(Heraklit von Ephesus)

Bleiben Sie flexibel im Geist und in Ihrem Handeln, dann werden Sie auf jede Veränderung gelassen reagieren können. Machen Sie die heutigen Kräftigungsübungen (siehe Seite 174f.) »von hinten«: Die bisher letzte Übung wird zur ersten – raus aus der Routine.

Frühstück

Himbeer-Banane-Drink

1 Zutaten in der genannten Reihenfolge bis auf Speiseleinöl und Kurkuma in einen Mixer (Blender) geben.

2 Speiseleinöl und Kurkuma in eine kleine Tasse geben, glatt rühren und in den Mixer geben. Alles 2 bis 3 Minuten gut durchmixen.

Tipp 1 Als zweiten Gang gibt es 150 Gramm Vollkornbrot mit 20 Gramm Butter und 100 Gramm fettarmem Schinken.

Tipp 2 Als dritten Gang gibt es 200 Milliliter Milch (1,5 % Fett) für den Milchkaffee bzw. Cappuccino oder den Drink.

Für 2 Personen

250 ml Sojamilch
100 ml Orangensaft
100 g Banane
100 g Himbeeren
25 g Ingwerwurzel
1 TL Zimtpulver
1 Prise Chilipulver
1 Prise Pfeffer aus der Mühle
1 EL Mandelmehl
1 EL Fruchtsauce
50 g Tofu
2 TL Speiseleinöl
1 TL Kurkuma

Zubereitungszeit: ca. 10 Minuten

Nährwerte pro Person
650 kcal, Kohlenhydratanteil 48 %, Eiweiß 21 %, Fett 31 %

Mittagessen
Champignonpfannkuchen

1 Zwiebel in kleine Würfel schneiden, Knoblauch durchpressen, beides für mindestens 5 Minuten ruhen lassen.

2 2 Esslöffel Olivenöl in einer Pfanne auf mittlerer Stufe erhitzen.

3 Pilze vierteln, Schinken klein schneiden.

4 Zwiebel und Knoblauch goldgelb braten. Die Pilze und den Schinken dazugeben und alles braten, bis keine Flüssigkeit mehr in der Pfanne ist.

5 Eier trennen, das Eiweiß mit etwas Salz zu Eischnee schlagen.

6 Mehl, Backpulver, Eigelbe, etwas Pfeffer und Salz sowie die Kräuter mit der Milch verrühren. Eischnee vorsichtig unterheben und die Mischung aus der Pfanne dazugeben.

7 1 Esslöffel Olivenöl in einer Pfanne erhitzen und die Hälfte des Teigs hineingeben. Pfannkuchen nach ca. 3 bis 5 Minuten wenden. Den Vorgang wiederholen.

Tipp Einfacher ist es, wenn Sie die Pfanne mit der Masse in den Ofen geben. (Achtung: Nicht alle Pfannen sind hitzeresistent!) Dann einfach für 10 Minuten bei 150 °C backen, aus dem Ofen nehmen, wenden und nochmals für 10 Minuten backen. Diese Variante erleichtert Ihnen das Wenden.

Nährwerte pro Person
713 kcal, Kohlenhydratanteil 41 %, Eiweiß 22 %, Fett 37 %

Für 2 Personen

1 mittelgroße Zwiebel
1 Knoblauchzehe
4 EL Olivenöl
500 g Champignons
75 g gekochter Schinken
(alternativ: fettarmer Speck)
3 Eier
Salz
180 g Mehl
1 TL Backpulver
Pfeffer aus der Mühle
1 EL Schnittlauchröllchen
1 EL frische Petersilie, gehackt
250 ml Milch (1,5 % Fett)

Zubereitungszeit: ca. 35 Minuten

Abendessen
Salat mit Pilzen und Ziegenkäsejoghurt

Für 2 Personen

½ Zwiebel

1 Knoblauchzehe

200 g gemischte Pilze

150–200 g gemischte Salatblätter
(Rucola, Romana …)

2 EL Olivenöl

Pfeffer aus der Mühle, Salz

Scharfmachergewürz

2–3 EL Naturjoghurt (1,5 % Fett)

75 g Ziegenfrischkäse

Etwas frisches Basilikum, gehackt

2 Scheiben Vollkornbrot

Für die Salatsauce

1 EL Würzhefe

1 EL Senf

1 TL Honig

75 g Naturjoghurt (1,5 % Fett)

Pfeffer aus der Mühle, Salz

Saft von ½ Zitrone

½ Bund Schnittlauch in Röllchen

Zubereitungszeit: ca. 30 Minuten

1 Zwiebel in kleine Würfel schneiden, Knoblauch durchpressen, beides für mindestens 5 Minuten ruhen lassen.

2 Pilze vierteln, Salat zerzupfen.

3 Olivenöl in einer Pfanne auf mittlerer Stufe erhitzen, Zwiebel darin goldgelb braten. Pilze dazugeben und alles für weitere 10 Minuten braten. Mit Pfeffer, Salz und Scharfmachergewürz abschmecken.

4 Alle Zutaten für die Salatsauce sowie den Knoblauch miteinander verrühren.

5 Joghurt und Ziegenfrischkäse mit einem Handmixgerät pürieren, mit Pfeffer und Basilikum abschmecken.

6 Salat vorsichtig mit der Sauce vermischen und auf 2 Teller verteilen.

7 Pilzmischung über den Salat geben und mit dem Ziegenkäsejoghurt anrichten. Mit dem Brot servieren.

Nährwerte pro Person
419 kcal, Kohlenhydratanteil 37 %, Eiweiß 21 %, Fett 42 %

Turboversion Das Vollkornbrot weglassen, dafür 300 Gramm gemischte Pilze und 1 ganze Zwiebel verwenden.

Tag 26 – Freitag

Voller Energie durch Woche 4

Jeder Tag wird dir gereicht, um glücklich zu werden.
(Johann Wolfgang von Goethe)

Beginnen Sie jeden Tag mit positiven Gedanken, einem Lächeln oder einem Dank für Ihren Lebenspartner oder für Ihre Freunde. Das Leben ist so schön, wie Sie es zulassen. Besinnen Sie sich auf gute Gedanken.

Frühstück *ganz nach Wunsch!*

Heute dürfen Sie Ihren Lieblingsdrink und Ihre Lieblingsfrühstückskombination aussuchen. Blättern Sie einfach zurück in die letzten vier Wochen und wählen Sie freudig aus.

Mittagessen

Chinesischer Tofu-Rindfleisch-Salat

Für 2 Personen

125 g chinesische Mie- oder Thainudeln

5 EL Essig

1 große Zwiebel

3 EL Sesamöl

1–2 EL Ingwerwurzel, klein gehackt

150 g Rindfleisch, in Streifen geschnitten

100 g Tofu, gewürfelt

2–3 mittelgroße Karotten, in Streifen geschnitten

1 TL Currypulver

1 TL Kumin

1 TL Kurkuma

Salz, Pfeffer aus der Mühle

1 EL Sesam

1 EL Koriander, gehackt

Für die Salatsauce

1 EL Honig

Saft von 1 Limette

200 ml Orangensaft

Zubereitungszeit: ca. 45 Minuten

1 Nudeln nach Packungsanleitung garen. Direkt nach dem Kochen den Essig hinzufügen, damit die Nudeln nicht zusammenkleben.

2 Zwiebel in dünne Streifen schneiden und für mindestens 5 Minuten ruhen lassen.

3 Sesamöl in einer Pfanne auf mittlerer Stufe erhitzen. Zwiebel und Ingwer hineingeben und die Zwiebel goldgelb braten.

4 Fleisch, Tofu, Karotten und Gewürze dazugeben und das Ganze für mindestens 10 Minuten braten.

5 Alle Zutaten für die Salatsauce miteinander verrühren und mit den Nudeln und dem Mix aus der Pfanne zu einem Salat mischen.

6 Vor dem Servieren den Salat mit Sesam und Koriander bestreuen.

Tipp Dieser Salat schmeckt heiß, lauwarm oder kalt.

Nährwerte pro Person
729 kcal, Kohlenhydratanteil 47 %, Eiweiß 21 %, Fett 35 %

Abendessen
South-Beach-Salat mit Chili

1 Frühlingszwiebeln in kleine Ringe schneiden und für mindestens 5 Minuten ruhen lassen.

2 Fisch mit Scharfmachergewürz, Chiliflocken, Salz und Pfeffer würzen.

3 Olivenöl auf mittlerer Stufe in einer Pfanne erhitzen und den Fisch darin für gute 5 Minuten anbraten, anschließend wenden.

4 Rucola klein schneiden, Paprika in dünne Ringe, Ananas in kleine Stücke schneiden.

5 Alle Zutaten für die Salatsauce miteinander verrühren, Gemüse und Ananas damit anmachen.

6 Salat auf 2 große Teller verteilen und den gebratenen Fisch darauf legen.

Tipp Leben Sie die South-Beach-Stimmung: Kleiden Sie sich zum Abendessen leger und salopp und spüren Sie, wie leicht das Leben sein kann.

Nährwerte pro Person
348 kcal, Kohlenhydratanteil 31 %, Eiweiß 32 %, Fett 37 %

Für 2 Personen

2–3 Frühlingszwiebeln
300 g Pangasiusfilet
Scharfmachergewürz
Chiliflocken
Salz, Pfeffer aus der Mühle
1 EL Olivenöl
30 g Rucola
1 große rote Paprikaschote
250 g Ananas

Für die Salatsauce

2 EL Olivenöl
3 EL Orangensaft
1 TL Senf
1 EL Hefeflocken
Salz, Pfeffer aus der Mühle
Chiliflocken

Zubereitungszeit: ca. 20 Minuten

Tag 27 – Samstag

Voller Energie durch Woche 4

Wenn du glücklich sein möchtest – lebe. (Leo Tolstoi)

Genießen Sie den heutigen Tag bis ins kleinste Detail. Natürlich auch wieder die Zeit bei Ihrem heutigen Lauftraining (siehe Seite 27).

Frühstück
Tropisches Müsli nach Dr. Feil

Für 2 Personen

1 mittelgroßer Apfel

150 g Mango

70 g Haferflocken (alternativ: frisch gemahlener Hafer)

3 EL Weizenkeime

50 g Kokosnussraspel

50 ml Milch (1,5 % Fett)

400 g Naturjoghurt (1,5 % Fett)

2 EL Honig

2 EL Sojakerne oder -flocken

Zubereitungszeit: ca. 15 Minuten (+ 8 Stunden Einweichzeit)

1 Apfel in eine mittelgroße Schüssel raspeln, Mango in kleine Würfel schneiden.

2 Mit den restlichen Zutaten zu einem Brei vermischen. Je nach gewünschter Festigkeit noch etwas mehr Milch dazugeben.

3 Müsli über Nacht in den Kühlschrank stellen – dann ist es magenverträglicher.

Tipp Wenn die Mango nicht reif ist, geben Sie 1 Esslöffel Fruchtsauce dazu, damit sich das tropische Aroma entwickeln kann.

Nährwerte pro Person

561 kcal, Kohlenhydratanteil 49 %, Eiweiß 13 %, Fett 38 %

Mittagessen
Linsen-Couscous-Salat

1 Linsen nach Packungsanleitung nicht zu weich kochen. Couscous ebenfalls nach Packungsanleitung garen.

2 Frühlingszwiebeln in kleine Ringe schneiden.

3 Mit den Linsen, Tomaten, Couscous, Knoblauch und Kresse zu einem Salat vermengen, das Olivenöl dazugeben.

4 Alles mit Salz, Pfeffer und Scharfmachergewürz abschmecken.

5 Vor dem Servieren mit frischen Kräutern bestreuen.

Tipp 1 Linsen mit 1 Messerspitze Natriumbikarbonat oder Backpulver kochen – das erhöht ihre Bekömmlichkeit.

Tipp 2 Nach dem Essen 1/2 Teelöffel Kümmel- oder Fenchelsamen kauen. Auch das erhöht die Bekömmlichkeit der Linsen.

Nährwerte pro Person
549 kcal, Kohlenhydratanteil 52 %, Eiweiß 19 %, Fett 29 %

Für 2 Personen

150 g rote Linsen

80 g Couscous

½ Bund Frühlingszwiebeln

250 g Cocktailtomaten, halbiert

1 Knoblauchzehe, durchgepresst

1 EL Kresse

4–5 EL Olivenöl

Salz, Pfeffer aus der Mühle

Scharfmachergewürz

Frische Kräuter, gehackt

Zubereitungszeit: ca. 20 Minuten

Abendessen
Italienischer Antipastiteller

Für 2 Personen

2 rote Zwiebeln

1 Aubergine

2 Paprikaschoten, gelb und rot

1 kleine Zucchini

5 EL Olivenöl

Pfeffer aus der Mühle, Kräutersalz

Scharfmachergewürz

250 g TK-Meeresfrüchte

1 Knoblauchzehe, durchgepresst

½ Bund frisches Basilikum, gehackt

2 EL Balsamicocreme aus 2 EL Aceto balsamico und 5 g Honig

100 g Baguette oder Ciabatta

Zubereitungszeit: ca. 1 Stunde 10 Minuten

1 Zwiebeln in Spalten, Aubergine in 1 Zentimeter dicke Scheiben, Paprika in Streifen und Zucchini ebenfalls in Scheiben schneiden.

2 Gemüse auf einem Backblech verteilen und mit 4 Esslöffeln Olivenöl beträufeln. Mit Pfeffer, Kräutersalz und Scharfmachergewürz bestreuen. Bei 200 °C 40 Minuten im Ofen backen.

3 In der Zwischenzeit 1 Esslöffel Olivenöl auf mittlerer Stufe erhitzen und darin die Meeresfrüchte braten, bis die Flüssigkeit vollends verdampft ist. Mit Salz und Pfeffer würzen und Knoblauch dazugeben, mit Basilikum bestreuen.

4 Gemüse auf einer großen Platte anrichten und die Meeresfrüchte in die Mitte setzen. Balsamicocreme gleichmäßig über allem verteilen.

5 Baguette oder Ciabatta dazu servieren.

Tipp Der Antipastiteller kann warm und kalt genossen werden und eignet sich auch optimal als Mitbringsel zu einem Fest.

Nährwerte pro Person
599 kcal, Kohlenhydratanteil 37 %, Eiweiß 26 %, Fett 37 %

Turboversion Anstelle von Baguette oder Ciabatta pro Persion 1/2 Zucchini extra verwenden.

Tag 28 – Sonntag

Voller Energie durch Woche 4

Denn mit der Größe der Aufgabe wächst die Kraft des Geistes. (Publius Cornelius Tacitus)

Mit jeder Herausforderung, die Sie bewältigen, gewinnen Sie an Stärke. Machen Sie die Stoffwechseloffensive weiter. Die Lauf-Diät ist die Ernährung, mit der Sie gesund und vital alt werden können. Fangen Sie einfach wieder bei der ersten Woche an oder setzen Sie zukünftig nur noch auf Ihre Lieblingsrezepte. Bei Ihrer heutigen Laufeinheit (siehe Seite 27) analysieren Sie, wie viel mehr an Energie Sie seit Beginn der Lauf-Diät bekommen haben.

Frühstück
Kaiserschmarrn

Für 2 Personen

300 g Pflaumen, frisch oder TK-Ware

1 EL Fruchtsauce oder Agavensirup

1 TL Zimtpulver

3 Eier

100 g Dinkel- oder Weizenmehl (Type 1050)

1 TL Backpulver

250 ml Milch

1 Päckchen Vanillezucker

2 EL Bratöl mit Buttergeschmack (siehe Seite 189)

30 g Mandelstifte

5 g Puderzucker

Zubereitungszeit: ca. 20 Minuten

1 In einem Topf 100 Milliliter Wasser, Pflaumen, Fruchtsauce bzw. Agavensirup und Zimt zum Kochen bringen und köcheln lassen, bis ein Pflaumenmus entstanden ist.

2 Eier trennen. Für den Teig Mehl, Backpulver, Milch und Eigelbe glatt rühren. Eiweiß mit dem Vanillezucker steif schlagen und unter den Teig heben. Masse in eine Pfanne ins heiße Bratöl geben und braten. Sobald die Unterseite leicht braun ist, den Pfannkuchen mit einer Gabel in kleine Stücke teilen und in ca. 10 Minuten vollständig durchbacken. Mandelstifte mit in die Pfanne geben und leicht anrösten.

3 Kaiserschmarrn mit Pflaumenmus und mit etwas Puderzucker bestreut servieren.

Nährwerte pro Person
675 kcal, Kohlenhydratanteil 46 %, Eiweiß 15 %, Fett 39 %

Mittagessen

Tropischer Gemüsetopf mit Garnelen

Für 2 Personen

150 g Vollkornreis

2 Tomaten

2 Paprikaschoten, rot und gelb

130 g frische Ananas

50 g Frühlingszwiebeln

4 EL Olivenöl

300 g Garnelen

1 TL Paprikapulver

2 EL Würzhefe

Pfeffer aus der Mühle, Salz

Frischer Schnittlauch in Röllchen

Zubereitungszeit: ca. 25 Minuten

1 Reis nach Packungsanleitung garen.

2 Tomaten, Paprika und Ananas würfeln, Frühlingszwiebeln in grobe Stücke schneiden.

3 Olivenöl auf mittlerer Stufe in einer Pfanne erhitzen. Garnelen darin 5 Minuten braten. Gemüse und Ananas dazugeben und alles weitere 10 Minuten braten.

4 Mit Paprika, Würzhefe, Pfeffer und Salz abschmecken. Mit Schnittlauch garnieren und mit dem Reis servieren.

Tipp 1 Trinken Sie zu diesem Essen einen grünen Tee mit frischer Minze.

Tipp 2 Ergänzen Sie den Gemüsetopf nach Belieben mit weiteren frischen Kräutern.

Nährwerte pro Person

793 kcal, Kohlenhydratanteil 52 %, Eiweiß 21 %, Fett 27 %

Abendessen
Zwiebelkuchen

1 Hefe zerbröckeln und mit Zucker oder Honig vermischen. Aufgelöste Hefe über das Mehl geben. 150 Milliliter Wasser, 1 Teelöffel Salz und 4 Esslöffel Olivenöl dazugeben und alles zu einem elastischen Teig kneten. (Achtung: Die Hefe darf nicht mit dem Öl und dem Salz direkt in Berührung kommen – sie verliert sonst ihre Triebkraft. Also erst die Hefe mit etwas Mehl vermischen.) Den Hefeteig zugedeckt etwa 20 Minuten gehen lassen.

2 Zwiebeln in Rädchen oder Streifen schneiden und in 2 Esslöffeln heißem Olivenöl goldgelb braten.

3 Eier, Sauerrahm, Kümmel, Kräutermischung, Pfeffer, Salz und Milch miteinander verquirlen, Schinken in kleine Stücke schneiden.

4 Hefeteig durchkneten und ausrollen, ein Backblech damit belegen. Die etwas abgekühlten Zwiebeln darüber geben, die Eiermischung darüber gießen, mit Schinken und zum Schluss mit Emmentaler bestreuen.

5 Bei 180 °C 30 bis 35 Minuten backen. (Achtung: Hefeteig geht viel besser auf, wenn der Backofen nicht vorgeheizt wird.)

Nährwerte pro Person
615 kcal, Kohlenhydratanteil 38 %, Eiweiß 22 %, Fett 40 %

Für 2 Personen

20 g Hefewürfel

1 TL Zucker oder Honig

400 g Weizenmehl (Type 1050)

Salz

6 EL Olivenöl

1 kg Zwiebeln

5 Eier

150 g Sauerrahm (10 % Fett)

1 TL Kümmel

30 g Kräutermischung

Pfeffer aus der Mühle

250 ml Milch (1,5 % Fett)

150 g gekochter Schinken

100 g Emmentaler (45 % Fett), gerieben

Zubereitungszeit: ca. 60 Minuten (+ Gehzeit des Teigs)

Laufwettkämpfe
Grenzen erweitern

Laufen ist zwar eine positive, natürliche Droge, es unterliegt aber auch den gewöhnlichen Gesetzmäßigkeiten des Drogenkonsums. Eine davon heißt: Dosissteigerung! Irgendwann hat man zunächst wegen gesundheitlicher Probleme, Übergewicht oder einer Lebenskrise mit dem Laufen begonnen. Nach einigen Monaten ist Ihnen das neue Hobby schon leichtgefallen. Sie sind deutlich fitter geworden, und Laufen ist längst ein unverzichtbarer Bestandteil Ihres Lebens.

Euphorisiert von den Fortschritten und einer erfolgreichen Gewichtsabnahme wollen Sie nun Ihre Grenzen erweitern. Eine Teilnahme an einem Volkslauf lockt vielleicht? Ein Citylauf als Fünf- oder Zehn-Kilometer-Straßenlauf in der Innenstadt würde Sie reizen? Der Weg ist nun nicht mehr allein das Ziel.

Rennen – Reiz und Risiko

Für den Gesundheitsläufer war das Training noch Selbstzweck. Für den Wettkampfläufer wird es zur gezielten planmäßigen Vorbereitung. Leistungssport kann realistische Zielsetzung und positives Denken schulen und dabei helfen, auch im Alltag trotz Wettbewerbsdruck die Kontrolle nicht zu verlieren. Wer Wettkämpfe läuft, verlässt den Bereich des reinen Gesundheitssports, der Aufwand und die Risiken steigen. Der verständliche Grenzgang, seine persönlichen Leistungshorizonte immer

wieder neu auszuloten oder zu erweitern, kann mit erhöhtem Selbstwertgefühl und Anerkennung einhergehen. Ein Wettkampfziel zu haben, kann für viele die Motivation für jahrelanges Training sein. Sie kommen in ein neues soziales Umfeld von positiv denkenden, zukunftsorientierten und fitten Menschen. Aber leistungsorientiert zu rennen, hat auch mögliche Schattenseiten. Sie reichen von überhöhtem Leistungsdruck, falschem Ehrgeiz und Frust bis hin zu einem erhöhten Verletzungsrisiko. Das bedeutet natürlich nicht, dass Leistungssport per se ungesund sein muss! Es kommt wie so oft darauf an, wie man damit umgeht.

Jedermannslauf als Einstieg

Wenn Sie beim bisherigen Fitnesslaufen keine orthopädischen Probleme haben, Ihr Gewicht nicht mehr zu hoch ist (BMI möglichst um 25 oder niedriger, siehe dazu Lauf-Diät I) und Sie mühelos eine Stunde joggen können, spräche nichts dagegen, nur so aus Spaß und aus dem Fitnesstraining heraus an einem kürzeren Volkslauf oder sogenannten Jedermannslauf teilzunehmen. Diesen spielerischen Einstieg über beispielsweise fünf Kilometer bieten viele große Laufveranstaltungen in ihrem Rahmenprogramm an. Wo es bei Ihnen Volks- und Jedermannsläufe gibt, erfahren Sie im örtlichen Sportgeschäft, aus Laufmagazinen, bei Vereinen und Lauftreffs. Natürlich sollten Sie vorher vom sporterfahrenen Arzt grünes Licht erhalten haben. Die kurze Distanz selbst ist bei einem Jedermannslauf sicher nicht das Problem, eher heißt es nun, mental Farbe zu bekennen und sich dem Leistungsvergleich zu stellen. Wie werden Sie mit Nervosität und Belastungs-

druck umgehen? Sie machen sicherlich kleine und große Fehler und können aus diesen für weitere Wettkämpfe lernen. Sie werden dabei auch eine Menge über sich selbst lernen, beispielsweise ehrlich zu sein und sich Fehler beim Training oder Wettkampf einzugestehen. Die richtige Taktik, beispielsweise nicht zu schnell loszurennen und eine gleichmäßige Renneinteilung, ist eine Kunst, die man erst nach einiger Erfahrung beherrscht.

Der Traum – schneller werden

Natürlich kommt mit dem Leistungsvergleich die Stoppuhr ins Spiel, und in der Vorstellungsrunde unserer Laufseminare sagt bestimmt jeder Zweite, dass er schnel-

Da läuft was vor der Porta Nigra! Bei vielen Cityläufen wie hier in der Römerstadt Trier lässt sich das Herz der Stadt mit Gleichgesinnten laufend erkunden.

ler laufen möchte. Geschenkt bekommt man Bestleistungen natürlich nicht. Der Aufwand wird erheblich größer werden. Dreimal Fitnesslaufen lässt sich in eine 40-Stunden-Arbeitswoche wohl noch ganz gut integrieren. Für Wettkämpfe sollten Sie jedoch viermal Training pro Woche einplanen.

Die optimale Leistung hängt von vielen verschiedenen Faktoren ab, teils können Sie diese mit Fleiß und Know-how beeinflussen, aber Ihre genetische Mitgift natürlich leider nicht mehr. Mit Sicherheit sind im Leistungssport das angeborene Talent, aber auch der Trainingsfleiß die wichtigsten Faktoren für Erfolg. Diese und wesentliche weitere Aspekte werden im Folgenden kurz angerissen.

Talent und positives Umfeld

Ein Beispiel für die genetische Ausprägung des Talents ist die Körpergröße oder die individuell unterschiedliche Zusammensetzung der Muskulatur aus schnellkräftigen bzw. ausdauernden Muskelfasern. Umgeben Sie sich als Motivationsspritze mit einem positiven Umfeld Gleichgesinnter, etwa im Sportverein oder bei einem Lauftreff. Planen Sie als Wettkampfsportler deutlich mehr Zeit für Training und Regeneration ein.

Natürlich kann man nur kerngesund eine optimale Leistung erzielen. Eine regelmäßige Untersuchung auch von Blutwerten sollte beim sporterfahrenen Arzt jährlich eingeplant werden. Eine unerkannte chro-

Die Wurzeln des Erfolgs

Talent

Soziales Umfeld

Motivation

Gesundheit

Kurs, Wetter

Alter

Die Wurzeln des Erfolgs

Taktik

Training

Stil, Technik

Regeneration

Material

Ernährung

Quelle: Herbert Steffny, »Optimales Lauftraining«, Südwest Verlag

nische Zahnentzündung kann das Leistungsniveau beispielsweise erheblich absenken.

Alter, Fleiß und Co.

Wer jenseits der vierzig ist, muss damit rechnen, dass er jährlich ein wenig langsamer wird und der Körper nicht mehr so schnell regeneriert. Training ist nach dem Talent natürlich der entscheidende Faktor. Ein wohlüberlegter Plan, Fleiß, Geduld und ganzjährige Kontinuität zahlen sich langfristig aus. Wettkampfläufer trainieren auch im Winter weiter. Regeneration, Auslaufen, gesunde Ernährung mit hoher Nährstoffdichte, genug Schlaf und Gymnastik sind ganz entscheidend für den Trainingsfortschritt. Jedes Training ist qualitativ nur so gut, wie es vor- und nachbereitet wird. Spätestens mit dem Beginn eines Wettkampftrainings sollten Sie für die unterschiedlichen Trainingseinheiten und für das Rennen selbst verschiedene Modelle ordentlicher, individuell angepasster Laufschuhe besitzen. Herzfrequenzmesser und Stoppuhr erleichtern es, im Training und Wettkampf zu kontrollieren und nach Zwischenzeiten zu laufen. Funktionelle Kleidung schützt davor, bei einem Wettkampf auszukühlen oder zu überhitzen.

Laufstil und Motivation

Bei einer Laufstilanalyse mit einem versierten Trainer sollten Sie Ihre gröbsten stilistischen Fehler aufspüren. Das gilt unbedingt für eventuelle Fuß- oder Beinfehlstellungen, um Verletzungsrisiken in Ihrer Laufkarriere zu minimieren. Auch die Planung des Rennens ist entscheidend für eine Bestzeit. Natürlich erzielen Sie Bestzeiten am ehesten bei kühlen Bedingungen auf einem flachen, schnellen Kurs, auf dem Sie auch taktisch gleichmäßiger nach Zwischenzeiten laufen können. An der Leistungsgrenze sind aber auch der Kopf und Ihre Motivation entscheidend. Wer spätestens in der zweiten Hälfte des Wettkampfs dem inneren Schweinehund keine Antwort auf die Frage »Warum das alles?« geben kann, wird nicht das Letzte aus sich herausholen können. Dafür sollte man bereits im Training nicht kneifen, sondern die Herausforderung suchen.

Das Wettkampftraining

Die vorgestellten Fitness- und Wettkampfpläne gehen davon aus, dass Sie nicht übermäßig viel Zeit haben, während der Woche arbeiten und daher wochentags – insbesondere in der dunklen Jahreszeit – weniger trainieren können. Im Winter wird es morgens früh oder wenn Sie von der Arbeit zurückkommen dunkel sein. Daher sind am Samstag und Sonntag jeweils zwei Tage hintereinander Training eingeplant.

Ohne Fleiß kein Preis: Wettkampfläufer müssen nun viermal in der Woche laufen. Das Ziel ist zunächst die Teilnahme an einem ersten Volkslauf über fünf Kilometer. Dann werden wir Ihnen die Vorbereitung auf einen Zehn-Kilometer-Lauf zeigen. Für beide Strecken gibt es jeweils eine langsamere, sanftere und eine etwas ambitioniertere Version.

Doch zunächst beschäftigen wir uns mit den teilweise neu hinzukommenden intensiveren Trainingsmethoden.

Flotter Tempodauerlauf

Das Training für Wettkämpfe wird effizienter, wenn Sie vielseitiger trainieren. Die Basis bleibt aber der normale Dauerlauf bei 70 bis 80 % der maximalen Herzfrequenz. Sie können sich dabei bestens unterhalten, und während der Woche werden in dieser ruhigen Intensität die meisten Kilometer

Auch in der Wettkampfvorbereitung bleibt der lockere Dauerlauf das wichtigste Trainingselement.

gelaufen. Der Bewegungsapparat sollte aber nach einigen Monaten Lauftraining stabil genug geworden sein, um schnellere Dauerläufe bei 80 bis 85 % der maximalen Herzfrequenz ohne Risiko zu verkraften. Dieses Tempo ist nicht etwa »volle Kanne«, sondern eher »locker, flott und unverkrampft«. Sie sind dabei also noch nicht japsend außer Atem! Die Tempoeinheit, die Sie auf einer genau vermessenen Strecke durchführen sollten, findet immer samstags vor dem sonntäglichen langen Lauf statt, nicht umgekehrt.

Vor dem eigentlichen Tempoabschnitt laufen Sie sich wenigstens zehn Minuten mit langsamem Jogging warm, machen Dehnungsübungen und einige Steigerungsläufe. Danach joggen Sie als Cool-down wieder zehn Minuten.

Tempospritze Fahrtspiel

Die zweite in den Plänen vorkommende flotte Einheit wird als stetiger Belastungswechsel bei einem Fahrtspiel durchgeführt. Das können Sie nach Lust und Laune durch Tempowechsel oder im hügeligen Gelände durchführen. Die kürzesten Abschnitte gehen leicht in den anaeroben, »roten« Bereich. Wenn Sie feste Vorgaben brauchen, können Sie es beispielsweise folgendermaßen durchführen:

▸ 10 bis 15 Minuten warm laufen, einige Steigerungsläufe und dann:

▸ 2 Minuten flott, bis leicht über 90 % Maximalpuls

▸ 2 Minuten traben bei 65 % Maximalpuls

▸ 4 Minuten flott bei 90 % Maximalpuls

▸ 3 Minuten traben bei 65 % Maximalpuls

▸ 7 Minuten flott bei 85 % Maximalpuls

▸ 4 Minuten traben bei 65 % Maximalpuls

▸ 4 Minuten flott bei 90 % Maximalpuls

▸ 3 Minuten traben bei 65 % Maximalpuls

▸ 2 Minuten flott bis leicht über 90 % Maximalpuls

▸ 5 bis 10 Minuten ganz langsam auslaufen und Dehnungsübungen

Intervalltraining

Bei den ambitionierten Plänen kommen beim sogenannten Intervalltraining auch kurze schnelle Läufe vor, die mehrfach wiederholt und jeweils in Erholungsabschnitte eingebettet werden. Diese sehr langsamen Trabpausen sollten etwa halb so lange wie die Belastungsdauer des schnellen Abschnitts sein.

Die Einheiten wie 8-mal 400 Meter oder 5-mal 1000 Meter werden mit Stoppuhr idealerweise im Stadion oder auf exakt vermessenen Straßenabschnitten gelaufen. Der Körper gewöhnt sich dabei häppchenweise an das harte Wettkampftempo, das spätestens in der zweiten Hälfte des zukünftigen Rennens im roten, anaeroben Bereich liegt. Die Zahl der Wiederholungen wird über den 6 Wochen dauernden Trainingszyklus erhöht. Die 400-Meter-Abschnitte sind etwas schneller, die 800- oder 1000-Meter-Abschnitte im angestrebten Wettkampftempo. Machen Sie nicht den häufigen Fehler, diese überehrgeizig und noch schneller als angegeben zu rennen!

Steigerungsläufe

Steigerungsläufe sind wiederholte fast maximale Beschleunigungsläufe über insgesamt rund 100 Meter: Für etwa 30 Meter steigert man aus dem normalen Dauerlauftempo in ein ziemlich flottes Tempo, etwa eine Stufe langsamer als Sprinten. Man hält diese Geschwindigkeit für etwa 40 Meter und verlangsamt dann wieder über 30 Meter in das Dauerlauftempo zurück. Nachdem man sich nach 100 bis 200 Metern Jogging ein wenig erholt hat, folgt der nächste Steigerungslauf. Es werden drei bis sechs Wiederholungen gelaufen. Die ersten Läufe sind etwas langsamer, die letzten etwas flotter. Steigerungen werden nach dem Warmlaufen vor einer Tempoeinheit oder vor einem Wettkampf nach dem Dehnen durchgeführt. In den letzten Tagen vor Wettkämpfen sollten ebenfalls einige Steigerungen zum Auflockern bei den kürzeren Joggings gelaufen werden.

High-Intensity-Intervalltraining

Das High-Intensity-Intervalltraining, kurz HIIT, ist den Steigerungsläufen und vor allem dem klassischen Intervalltraining nahe verwandt. Die Intensität ist hoch, die Belastungsdauer eher kurz. Auch dabei werden die belastenden Abschnitte in Erholungspausen eingebettet. Es wird gerne als neuester Trend beim Fitnesstraining verkauft, es ist methodisch eigentlich aber »alter Wein in neuen Schläuchen«, denn »Windsprints« oder ganz kurze Intervalle wie 10-mal 200 Meter werden von ambitionierten Mittelstreckenläufern schon lange praktiziert. HIIT verbessert ähnlich den Steigerungsläufen Laufstil, Schrittlänge und Grundschnelligkeit. Sie kommen bei dieser hohen Belastung ziemlich außer Atem, also tief in den anaeroben Bereich. Das HIIT ist also recht anstrengend und nicht nur deshalb eher für fortgeschrittene Läufer geeignet.

So wirken intensive Methoden

Das HIIT wird gerne als zeitsparende Wunderwaffe zur besseren Fettverbrennung als mit der umfangreicheren Dauerlaufmethode propagiert. Die dazu vorgelegten Vergleichsstudien sind allerdings wenig überzeugend. Weder einseitig intensives Training noch monotoner Dauerlauf sind die Lösung, sondern noch besser ist es, wie in unseren Plänen zur Wettkampfvorbereitung, beide Methoden zu mischen. Ein Effekt, der hochintensives Training für Abnehmwillige interessant macht, ist wie beim Krafttraining der dadurch erreichbare Muskelzuwachs. Durch diese Vergrößerung der aktiven Körpermasse erhöht sich auch der Grundstoffwechsel. Weiterhin wird durch einen »Nachbrenneffekt« der Kalorienverbrauch länger anhaltend erhöht. Hohe Intensität ist schließlich Stress für den Körper. Die beabsichtigten Hormon-, Reparatur- und Anpassungsprozesse beschäftigen den Körper noch ein bis zwei Tage nach dem Training.

Verletzungsrisiko und Übertraining

Die Effekte der schnellen Läufe oder des Krafttrainings sind nicht von der Hand zu weisen, aber die hohe Intensität wird von vielen als sehr quälerisch empfunden, und das Verletzungsrisiko ist dabei stark erhöht. Das gilt insbesondere, wenn mit Sprintmethoden läuferisch ein HIIT durchgeführt wird. Die Regenerationsdauer ist bei intensivem Training ebenfalls verlängert, sodass Sie es maximal zweimal pro Woche durchführen sollten. Im hochintensiven Bereich kann es nämlich schnell zu einem Übertrainingszustand kommen, wobei auch das Immunsystem angegriffen wird.

HIIT und Übergewicht

In unseren Trainingsplänen ist HIIT natürlich schon enthalten, so belasten Sie im Plan Fitnesslaufen beim Fahrtspiel beispielsweise schon sehr intensiv. Bei den Wettkampfplänen ist das Kurzintervalltraining selbstverständlich auch ein HIIT. Im Krafttraining empfehlen wir schließlich mehrere Wiederholungsserien jeweils bis zur Ermüdungsgrenze.

Wenn Sie mit Übergewicht ein HIIT als Lauftraining durchführen möchten, so sollten Sie das Programm orthopädisch viel weniger belastend bergan laufend einplanen; eventuell reicht dazu schon Powerwalking aus. Sie könnten es auch auf einem Laufband mit Steigung durchführen (siehe nächste Seite). Der Vorteil der zeitsparen-

HIIT-Programme

HIIT im Stadion

Belastungsstrecke	Trabpause	Wiederholungen
150 m	250 m	7–8
200 m	200 m	9–10
250 m	150 m	11–12

HIIT auf dem Laufband

| Belastungsdauer | Trabpause | Wiederholungen |
10 % Steigung	1–2 % Steigung	
30 Sek.	90 Sek.	7–8
45 Sek.	70 Sek.	9–10
60 Sek.	50 Sek.	11–12

Das High-Intensity-Intervalltraining können Sie gut im Stadion oder auf dem Laufband durchführen. Steigern Sie über sechs Wochen alle 14 Tage die Belastung und Wiederholungszahl bei verkürzter Erholungszeit.

den Laufmethodik ist, dass große Muskelgruppen eingesetzt werden und dadurch ein höherer Kalorienverbrauch provoziert wird als beispielsweise beim Radfahren. Prinzipiell könnten Übergewichtige als Alternative intensive Intervalltrainings wesentlich weniger verletzungsanfällig auch auf einer Rudermaschine oder auf dem Fahrradergometer betreiben.

Durchführung des HII-Trainings

Das Programm können Sie im Basistraining neben einem Dauerlauf und einem längeren langsamen Dauerlauf ein- oder höchstens zweimal pro Woche durchführen. Wenn Sie ein Rennen vorbereiten, befolgen Sie allerdings lieber die hier vorgestellten Wettkampfpläne. Ideal für ein HIIT ist eine 400-Meter-Bahn im Stadion.

Wie bei allen schnellen Einheiten sollten Sie sich erst einmal wenigstens zehn Minuten langsam warmlaufen, dehnen und hinterher wieder auslaufen. Das HIIT-Programm können Sie beispielsweise über sechs Wochen steigern (siehe Kasten oben). Beginnen Sie zunächst mit 150 Metern sehr schnellem Laufen, wobei Sie außer Atem kommen und ein leichtes »Brennen« in der Muskulatur von der im roten Bereich entstehenden Milchsäure (Laktat) verspüren. Traben Sie dazwischen jeweils 250 Meter ultralangsam bis zum schnellen Abschnitt der nächsten Runde. Steigern Sie das Programm über die nächsten Wochen durch eine höhere Wiederholungszahl und eine längere Belastungsstrecke bei verkürzter Erholungsphase. Es wäre im Plan »Fitnesslaufen« (siehe Seite 27) beispielsweise auch als Alternative zum Fahrtspiel geeignet.

HIIT auf dem Laufband

Im Winter können Sie ein ähnliches Programm auf einem dynamisch in Geschwindigkeit und Steigung verstellbaren Laufband im Fitnesscenter trainieren. Auch bei Übergewicht sollten Sie es mit 10 % Steigung folgendermaßen durchführen: Laufen Sie dabei eine Serie von beispielsweise 7-mal 30 Sekunden intensiv bergan. Erholen Sie sich dazwischen mit einer 90-sekündigen Trabpause, wobei Sie die Steigung auf 1 bis 2 % reduzieren. Sie steigern die Belastung wieder über Wochen z. B. auf 12-mal 60 Sekunden bei 50 Sekunden Trabpause (siehe Kasten auf Seite 161).

Die Wettkampfplanung

Am allerbesten suchen Sie sich für Ihr erstes Rennen einen flachen Kurs ohne allzu große Schwierigkeiten aus. Es ist für Sie dann leichter, gleichmäßig zu laufen oder ein beabsichtigtes Tempo nach Zwischenzeiten zu kontrollieren. Kann sein, dass Sie sich beim ersten Mal eher bei einem Provinzlauf verstecken möchten. Doch die Stimmung unter Gleichgesinnten und das Zuschauerspalier bei einem größeren Citylauf haben bereits ihren Reiz, und bei einer hohen Teilnehmerzahl genießen Sie durchaus eine gewisse Anonymität. Man startet zwar vorläufig noch im Vorpro-

Nach dem Startschuss wichtig: nicht zu schnell losrennen und den Wettkampf gleichmäßig und kontrolliert nach Zwischenzeiten einteilen!

6-Wochen-Plan für 5 km Wettkampf – Zielzeit: um 30:00 Minuten

1. Woche (28 km)

Tag	Art	Training	ca. km*
Mo		–	–
Di		–	–
Mi		DL 50 Min. (75 % mHf)	7
Do		–	–
Fr		–	–
Sa	○	50 Min. (darin Tempowechsel 70– > 90 %mHf)	8
So	✖	lgDL 90 Min. (70 % mHf)	13

2. Woche (34 km)

Tag	Art	Training	ca. km*
Mo		–	–
Di		DL 40 Min. (75 % mHf)	6–7
Mi		–	–
Do		DL 40 Min. (75 % mHf)	6–7
Fr		–	–
Sa	→	Tempo-DL 50 Min. (darin flott 30 Min. 80–85 %mHf)	8
So	✖	lgDL 90 Min. (70 % mHf)	13

3. Woche (35 km)

Tag	Art	Training	ca. km*
Mo		–	–
Di		DL 50 Min. (75 % mHf)	7
Mi		–	–
Do		DL 50 Min. (75 % mHf)	7
Fr		–	–
Sa	○	50 Min. (darin Tempowechsel 70– > 90 %mHf)	8
So	✖	lgDL 90 Min. (70 % mHf)	13

4. Woche (35 km)

Tag	Art	Training	ca. km*
Mo		–	–
Di		DL 50 Min. (75 % mHf)	7
Mi		–	–
Do		DL 50 Min. (75 % mHf)	7
Fr		–	–
Sa	→	Tempo-DL 50 Min. (darin flott 30 Min. 80–85 %mHf)	8
So	✖	lgDL 90 Min. (70 % mHf)	13

5. Woche (32 km)

Tag	Art	Training	ca. km*
Mo		–	–
Di		DL 50 Min. (75 % mHf)	7
Mi		–	–
Do		DL 50 Min. (75 % mHf)	7
Fr		–	–
Sa	○	50 Min. (darin Tempowechsel 70– >90 %mHf)	8
So	✖	lgDL 70 Min. (70 % mHf)	10

6. Woche (18 km)

Tag	Art	Training	ca. km*
Mo		–	–
Di		DL 45 Min. (75 % mHf), Stg	6
Mi		–	–
Do		–	–
Fr		DL 30 Min. (70 % mHf), Stg	4
Sa		–	–
So	→	**Wettkampfdebüt über 5 km** (Zielzeit um 30:00 Min.)	8

%mHf = Prozent der maximalen Herzfrequenz, DL = Dauerlauf, Stg = Steigerungsläufe, ✖ lgDL = langer Dauerlauf, → Tempolauf oder Wettkampf, ○ Fahrtspiel
* Bei Wettkämpfen und Tempoeinheiten sind bei den Tageskilometern Kilometer für langsames Ein- und Auslaufen mit einberechnet; weitere Erläuterungen siehe Text.

© Feil/Steffny: Die Lauf-Diät – Das Kochbuch. Südwest Verlag, München 2011

gramm vielleicht eines Halb- oder gar Marathons, profitiert aber schon von dessen Atmosphäre. Bei diesen daher auch Schnupperlauf genannten Veranstaltungen steht die Leistung noch kaum im Vordergrund, sondern vor allem die Teilnahme zählt. Häufig bekommt man bei diesen Läufen ein T-Shirt, eine Teilnehmerurkunde und Medaille als Erinnerungsstück an die Premiere.

Adrenalin und innerer Schweinehund

Es wird für Sie neu sein, sich mit einem gewissen Erwartungsdruck, Adrenalin und Nervosität auseinanderzusetzen. Falls Sie bei Ihrem ersten Volkslauf in Ihrer Euphorie bereits nach dem Startschuss Vollgas ge-

ben, wird dieses Experiment Ihnen auch neue Körpererfahrungen wie Leistungseinbruch oder Muskelkater bringen. Auch werden Sie lernen, was es heißt, den inneren Schweinehund zu besiegen und nochmal willentlich alle Kräfte auf der zweiten Hälfte zu mobilisieren, was für ein späteres Rennen auf Bestzeit erst einmal gelernt sein will. Vielleicht werden Sie aber auch äußerst positiv überrascht feststellen, dass Sie viel mehr können, als Sie sich jemals zugetraut hätten?

Training für den ersten Volkslauf

Ausgangspunkt des Plans auf Seite 163 ist der Leistungsstand, den Sie sich über den Plan »Vom Einsteiger zum Fitnessläufer« aus der Lauf-Diät I erarbeitet haben. Auf

Packliste für die Wettkampftasche

- ▸ Wettkampf- und Trainingsschuhe
- ▸ Wettkampf- und Trainingssocken
- ▸ Wettkampfshorts oder -tights
- ▸ Wettkampftrikot oder Funktionsshirt
- ▸ Sport-BH und Funktionsunterwäsche
- ▸ Trainingsanzug, Windjacke oder Weste
- ▸ Dünne Laufhandschuhe
- ▸ Schweißband, Stirnband, Kopfbedeckung
- ▸ (Sport-)Brille
- ▸ GPS, Stopp- und Pulsuhr
- ▸ Pflaster, Schere, Nagelschneider
- ▸ Vaseline
- ▸ Sicherheitsnadeln

- ▸ Toilettenpapier
- ▸ Toilettenbeutel, Seife, Shampoo, Handtuch
- ▸ Badetuch, -hose
- ▸ Wettkampfausschreibung
- ▸ Teilnahmebestätigung
- ▸ Stadtplan, Landkarte
- ▸ Zeitmesschip
- ▸ Kleingeld
- ▸ Startpass (für Meisterschaften)
- ▸ Verpflegung für vor, während und nach dem Wettkampf
- ▸ Getränkeflasche, Trinkgürtel
- ▸ Thermometer, Hygrometer

Seite 27 sind die beiden letzten Wochen als 14-Tages-Plan »Fitnesslaufen« noch einmal dargestellt. Sie können also direkt daran anschließen. Zur optimalen Wettkampfvorbereitung sollten Sie nun das Training auf vier Tage in der Woche erhöhen, indem ein weiterer Dauerlauf unter der Woche hinzukommt. In der letzten Woche vor dem Wettkampf ist es sehr wichtig, das Training deutlich zurückzunehmen und sich auszuruhen.

Die Wettkampfvorbereitung

Ideal wäre es natürlich, wenn Sie die Hilfe wettkampferfahrener Freunde in Anspruch nehmen könnten und mit diesen das große Abenteuer gemeinsam planen und bestreiten. Lesen Sie die Informationen auf der Website oder in der Wettkampfausschreibung des Veranstalters aufmerksam durch, damit Sie keine Überraschungen erleben. Schlafen Sie die letzten beiden Nächte vor dem Rennen ausreichend. Achten Sie auf eine vollwertige Ernährung und reduzieren Sie gegebenenfalls den Alkoholkonsum. Machen Sie sich eine Liste, was Sie für den großen Tag brauchen. Die auch für Routiniers konzipierte Packliste für die Wettkampftasche auf Seite 164 mag Ihnen helfen, nichts Wichtiges zu vergessen. Sie können sie individuell nach Ihren Bedürfnissen ändern oder erweitern. Gehen Sie die Checkliste frühzeitig durch, eventuell könnten Sie dann noch einige Dinge besorgen. Packen Sie Ihre Ausrüstung in Ruhe schon am Abend vorher. Schuhe, Socken und Kleidung sollten Sie natürlich zuvor bereits eingelaufen haben. Denken Sie vielleicht auch an unterschiedliche Kleidung für kühles und warmes Wetter.

Vor dem Startschuss

Die meisten Wettkämpfe finden vormittags statt. Stehen Sie morgens wenigstens drei Stunden vor dem Rennen auf. Frühstücken Sie spätestens zweieinhalb Stunden vor dem Start ausnahmsweise Weißbrot mit Honig und eine Banane. Vergessen Sie nicht, ausreichend zu trinken, z. B. eine schwach gesalzene Apfelsaftschorle. Kommen Sie rechtzeitig, wenigstens 90 Minuten vorher, zum Start. Besorgen Sie sich zuerst die Startunterlagen und Startnummer und befestigen Sie diese am Laufhemd. Erkundigen Sie sich, ob sich der Zeitplan nicht vielleicht verschoben hat. Laufen Sie sich vor dem Start ganz langsam fünf bis zehn Minuten warm. Ideal wäre es, wenn Sie kurz vor dem Start einer Begleitperson gegebenenfalls Ihren Trainingsanzug oder Ihre Wetterjacke anvertrauen könnten. Kleiden Sie sich dem Wetter entsprechend nicht zu warm. Am Start leicht zu frösteln, ist genau richtig, denn im Rennen wird Ihnen durch die Anstrengung schon noch warm werden. Stellen Sie sich Ihrem Leistungsvermögen entsprechend nicht zu weit vorne auf, Sie würden sonst mit der losrennenden Meute mitgerissen werden und sich frühzeitig verausgaben.

Die Taktik im Rennen

Starten Sie Ihre Stoppuhr, wenn Sie die Startlinie überlaufen. So erhalten Sie Ihre Nettolaufzeit, also die Zeit vom Start bis zum Ziel. Nur von der Startlinie an gelten auch die Kilometerschilder, die viele Volkslaufveranstalter an der Strecke aufstellen. Kontrollieren Sie, wie lange Sie für den ersten Kilometer gebraucht haben, und vergleichen das mit Ihrem Soll. Versuchen Sie sich von Beginn an zu zügeln und ein gleichmäßiges Tempo durchzulaufen, selbst wenn das Laufen wegen des Adrenalins, der Ruhetage, Zuschauer und Mitläufer anfangs noch so leichtfällt. Wenn Sie auf der zweiten Hälfte langsamer werden oder sogar einbrechen, sind Sie viel zu flott losgerannt. Sollten Sie noch Reserven haben, können Sie auf der zweiten Hälfte vieles aufholen! Unterwegs zu trinken ist bei Strecken bis zehn Kilometer nur bei heißem Wetter notwendig.

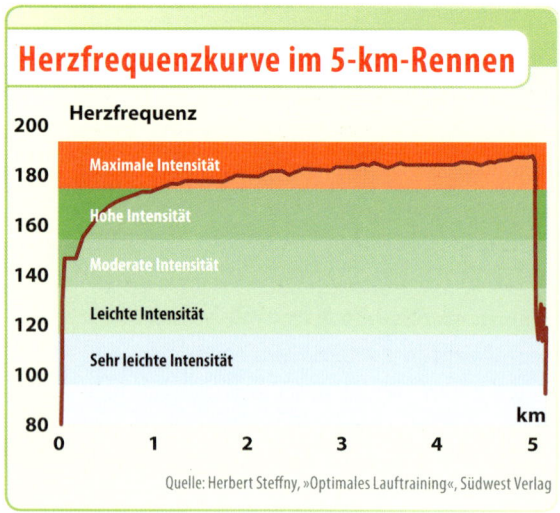

Herzfrequenzkurve im 5-km-Rennen

Herzfrequenz

200

180   Maximale Intensität

160   Hohe Intensität

140   Moderate Intensität

120   Leichte Intensität

100   Sehr leichte Intensität

80

0   1   2   3   4   5   km

Quelle: Herbert Steffny, »Optimales Lauftraining«, Südwest Verlag

Pulsmessung kann versagen

Die Herzfrequenzmessung kann zur Steuerung der Belastung im Rennen nicht uneingeschränkt empfohlen werden, da Mitläufer oder Stromleitungen Ihren Pulsmesser vielleicht stören. Die Herzfrequenz geht nach dem Start auch nicht sofort auf einen vielleicht vorgenommenen Zielpuls, sondern steigt trotz gleichmäßigen Tempos erst langsam über einige Minuten an. Die Herzfrequenzkurve bildet bei maximal gelaufenen Fünf- oder Zehn-Kilometer-Rennen kein Plateau, sondern steigt stetig weiter. Sie kommen früher oder später in den roten Bereich und bei einem Spurt am Ende sogar in den Bereich Ihres Maximalpulses. Wenn Sie also nicht nur mitjoggen, was eine sichere, aber langsame Alternative wäre, sondern volle Pulle laufen, wird die Herzfrequenzmessung daher wenig geeignet sein, um das Rennen zu kontrollieren. Zumindest die ersten Kilometer sollten Sie daher unbedingt nach Zwischenzeit überprüfen. Sollte es keine Kilometerschilder geben, bleibt Ihnen nur das hoffentlich vorher bei Tempoeinheiten antrainierte Körpergefühl. Vielleicht haben Sie aber auch einen erfahrenen Mitläufer, der Sie bei Ihrem Einstiegsrennen begleitet?

Ambitionierte Pläne auf Zeiten

Sind Sie nun vielleicht auf den Geschmack gekommen? Wenn Sie mit dem vorausgegangenen Trainingsplan spielerisch Wettkampfläufer geworden sind und erste

Machen Sie Zwischenzeiten-kontrollen, denn die Steue-rung über die stetig anstei-gende Herzfrequenz ist bei einem maximal gelaufenen Fünf- oder Zehn-Kilometer-Rennen kaum möglich.

Rennerfahrungen gesammelt haben, könn-ten Sie jetzt gezielter und leistungsorien-tierter Wettkämpfe angehen. Im Folgenden wird das Training für ambitioniertere Fünf- und Zehn-Kilometer-Läufer darge-stellt. Entweder jagen Sie nun Ihre gerade aufgestellte Fünf-Kilometer-Bestleistung oder Sie greifen zur nächsthöheren Dis-tanz, dem Zehn-Kilometer-Lauf. Das Fahrtspiel wird in diesen ambitionierteren Plänen durch das wettkampfspezifischere Trainingselement Intervalltraining ersetzt, dessen Wiederholungszahlen über die Wo-chen gesteigert werden.

Welche Zeiten sind möglich?

Gut vermessene flache Zehn-Kilometer-Rennen werden oft angeboten. Wenn Sie Ihre Fünf-Kilometer-Zeit kennen, dann können Sie diese durch 0,48 dividieren, um auf die maximal mögliche Zehn-Kilome-ter-Zeit zu kommen. Ein Läufer, der 28:00 Minuten für fünf Kilometer braucht, kann also damit rechnen, wenn es gut läuft, über zehn Kilometer unter einer Stunde zu blei-ben. Unerfahrene Läufer brauchen mögli-cherweise mehr als ein Testrennen, denn selten gelingt beim ersten Wettkampf alles auf Anhieb. Nicht immer erwischt man

Profi-Herzfrequenzmesser messen auch Distanz und Lauftempo.

Den passenden Plan finden

Welcher Plan zu Ihnen passt und welches Trainingstempo damit zu Ihrer Leistung gehört, könnte ein Novize aus dem Ergebnis des Jedermannslaufs oder aber aus dem Training hochrechnen. Wer beim normalen Dauerlauf auf einer Zehn-Kilometer-Runde beispielsweise 70 Minuten braucht, der könnte sich den Plan für unter 60 Minuten vorknöpfen. Für den 49-Minuten-Plan über zehn Kilometer sollten Sie über fünf Kilometer 23:30 Minuten laufen können oder bereits im Training zehn Kilometer locker in 60 Minuten laufen können. Ob Ihr Talent und Ihr Bewegungsapparat dann auch für noch schnellere Pläne oder sogar Halbmarathon oder Marathon ausreichen, müssen Sie später selbst vorsichtig ausloten. Das erfordert bereits mehr Erfahrung und einige Trainingsjahre. Sie verlassen dabei auch den Bereich unserer Lauf-Diät. Unsere weitergehende Empfehlung für eine systematische Vorbereitung auf schnellere Zeiten und längere Wettkampfstrecken bis hin zum Marathon ist »Das große Laufbuch« von Herbert Steffny, ebenfalls erschienen im Südwest Verlag.

Setzen Sie aber Ihr Ziel immer realistisch oder zunächst lieber etwas tiefer an und lassen Sie sich eher positiv überraschen. Greifen Sie nicht zu dem noch schnelleren Plan mit der Vorstellung: Wenn ich den schaffe, dann erreiche ich auch die langsamere Zeit. Statt einer ordentlichen Leistung sind Übertraining, Frustration und Verletzungen dabei oft die Folge.

vergleichbar optimale Rennverläufe und günstige Witterung. Natürlich schaffen Sie einen Zehn-Kilometer-Lauf auch aus einem reinen Dauerlauftraining. Aber wenn Sie das Maximale rausholen und Ihren Hausrekord verbessern möchten, dann sollten Sie professioneller üben und variabel die Trainingselemente wie in den nachfolgenden Trainingsplänen für fünf oder zehn Kilometer mischen. Den etwas langsameren Zehn-Kilometer-Plan für unter 60 Minuten könnten Sie nach einer lockeren Woche gut an den vorher absolvierten Plan für den ersten Wettkampf (siehe Seite 163) anschließen. Sie beherrschen bereits das variable Mischtraining aus Tempo- und ruhigen Läufen bei vier Einheiten pro Woche. Nun werden die schnellen Einheiten in der Form des Intervalltrainings aber wettkampfspezifischer.

6-Wochen-Plan für 5 km Wettkampf – Zielzeit: 25:00 Minuten

1. Woche (45 km)

Tag	Art	Training	ca. km*
Mo		–	–
Di	◐	5 x 400 m in 1:57 Min. (200 m Trabpause)	10
Mi		DL 60 Min. (75 % mHf)	9
Do		–	–
Fr	→	Tempolauf 7 km 5:42/km (85 % mHf)	12
Sa		–	–
So	✖	lgDL 90 Min. (70 % mHf)	14

2. Woche (46 km)

Tag	Art	Training	ca. km*
Mo		–	–
Di	◐	4 x 600 m in 3:00 Min. (200 m Trabpause)	11
Mi		DL 60 Min. (75 % mHf)	9
Do		–	–
Fr	→	Tempolauf 7 km 5:42/km (85 % mHf)	12
Sa		–	–
So	✖	lgDL 90 Min. (70 % mHf)	14

3. Woche (46 km)

Tag	Art	Training	ca. km*
Mo		–	–
Di	◐	6 x 400 m in 1:57 Min. (200 m Trabpause)	11
Mi		DL 60 Min. (75 % mHf)	9
Do		–	–
Fr	→	Tempolauf 7 km 5:42/km (85 % mHf)	12
Sa		–	–
So	✖	lgDL 90 Min. (70 % mHf)	14

4. Woche (46 km)

Tag	Art	Training	ca. km*
Mo		–	–
Di	◐	3 x 800 m in 4:00 Min. (400 m Trabpause)	11
Mi		DL 60 Min. (75 % mHf), Stg	9
Do		–	–
Fr	→	Tempolauf 7 km 5:42/km (85 % mHf)	12
Sa		–	–
So	✖	lgDL 90 Min. (70 % mHf)	14

5. Woche (43 km)

Tag	Art	Training	ca. km*
Mo		–	–
Di	◐	7 x 400 m in 1:57 Min. (200 m Trabpause)	12
Mi		DL 60 Min. (75 % mHf), Stg	9
Do		–	–
Fr	→	Tempolauf 5 km 5:22/km (90 % mHf)	10
Sa		–	–
So	✖	lgDL 80 Min. (70 % mHf)	12

6. Woche (33 km)

Tag	Art	Training	ca. km*
Mo		–	–
Di	◐	3 x 1000 m in 5:00 Min. (400 m Trabpause)	11
Mi		–	–
Do		DL 45 Min. (70 % mHf), Stg	7
Fr		–	–
Sa		DL 30 Min. (70 % mHf), Stg	4
So	→	**Wettkampf über 5 km** (Zielzeit 25:00 Min.)	11

%mHf = Prozent der maximalen Herzfrequenz, DL = Dauerlauf, Stg = Steigerungsläufe, ✖ lgDL = langer Dauerlauf, → Tempolauf oder Wettkampf, ◐ Intervalltraining
* Bei Wettkämpfen und Tempoeinheiten sind bei den Tageskilometern Kilometer für langsames Ein- und Auslaufen mit einberechnet; weitere Erläuterungen siehe Text.

6-Wochen-Plan für 10 km Wettkampf – Zielzeit: 59 Minuten

1. Woche (39 km)

Tag	Art	Training	ca. km*
Mo		–	–
Di		DL 60 Min. (75 % mHf)	9
Mi		–	–
Do	→	Tempo-DL (darin 5 km in 6:30/km bzw. 80–85 % mHf)	10
Fr		–	–
Sa		DL 50 Min. (75 % mHf)	7
So	✖	lg DL 90 Min. (70 % mHf)	13

2. Woche (39 km)

Tag	Art	Training	ca. km*
Mo		–	–
Di		DL 60 Min. (75 % mHf)	9
Mi		–	–
Do	○	6 x 400 m in 2:20 Min. (200 m Trabpause)	9
Fr		–	–
Sa		DL 50 Min. (75 % mHf)	7
So	✖	lgDL 100 Min. (70 % mHf)	14

3. Woche (41 km)

Tag	Art	Training	ca. km*
Mo		–	–
Di		DL 60 Min. (75 % mHf)	9
Mi		–	–
Do	→	Tempo-DL (darin 6 km in 6:30/km bzw. 80–85 % mHf)	11
Fr		–	–
Sa		DL 50 Min. (75 % mHf)	7
So	✖	lgDL 100 Min. (70 % mHf)	14

4. Woche (39 km)

Tag	Art	Training	ca. km*
Mo		–	–
Di		DL 60 Min. (75 % mHf)	9
Mi		–	–
Do	○	3 x 1000 m in 5:55 Min. (400 m Trabpause)	10
Fr		–	–
Sa		DL 50 Min. (75 % mHf)	7
So	✖	lgDL 90 Min. (70 % mHf)	13

5. Woche (37 km)

Tag	Art	Training	ca. km*
Mo		–	–
Di		DL 60 Min. (75 % mHf)	9
Mi		–	–
Do	○	4 x 1000 m in 5:55 Min. (400 m Trabpause)	11
Fr		–	–
Sa		DL 50 Min. (75 % mHf)	7
So	✖	lgDL 75 Min. (70 % mHf)	10

6. Woche (33 km)

Tag	Art	Training	ca. km*
Mo		–	–
Di	○	8 x 400 m in 2:20 Min. (200 m Trabpause)	10
Mi		–	–
Do		DL 40 Min. (75 % mHf), Stg	6
Fr		–	–
Sa		DL 20 Min. (70 % mHf), Stg	3
So	✖	**Wettkampf über 10 km** (Zielzeit 59 Min.)	14

%mHf = Prozent der maximalen Herzfrequenz, DL = Dauerlauf, Stg = Steigerungsläufe, ✖ lgDL = langer Dauerlauf, → Tempolauf oder Wettkampf, ○ Intervalltraining
* Bei Wettkämpfen und Tempoeinheiten sind bei den Tageskilometern Kilometer für langsames Ein- und Auslaufen mit einberechnet; weitere Erläuterungen siehe Text.

© Feil/Steffny: Die Lauf-Diät – Das Kochbuch. Südwest Verlag, München 2011

6-Wochen-Plan für 10 km Wettkampf – Zielzeit: 49 Minuten

1. Woche (47 km)

Tag	Art	Training	ca. km*
Mo		–	–
Di		DL 60 Min. (75 % mHf)	10
Mi		–	–
Do	→	Tempo-DL (darin 6 km in 5:30/km bzw. 85 % mHf)	11
Fr		–	–
Sa		DL 60 Min. (75 % mHf)	10
So	✖	lgDL 105 Min. (70 % mHf)	16

2. Woche (48 km)

Tag	Art	Training	ca. km*
Mo		–	–
Di	⊙	5 x 400 m in 1:55 Min. (200 m Trabpause)	9
Mi		–	–
Do	→	Tempo-DL (darin 6 km in 5:30/km bzw. 85 % mHf)	11
Fr		–	–
Sa		DL 60 Min. (75 % mHf)	10
So	✖	lgDL 120 Min. (70 % mHf)	18

3. Woche (49 km)

Tag	Art	Training	ca. km*
Mo		–	–
Di	⊙	3 x 1000 m in 4:51 Min. (400 m Trabpause)	10
Mi		–	–
Do	→	Tempo-DL (darin 6 km in 5:30/km bzw. 85 % mHf)	11
Fr		–	–
Sa		DL 60 Min. (75 % mHf)	10
So	✖	lgDL 120 Min. (70 % mHf)	18

4. Woche (50 km)

Tag	Art	Training	ca. km*
Mo		–	–
Di	⊙	4 x 1000 m in 4:51 Min. (400 m Trabpause)	11
Mi		–	–
Do	→	Tempo-DL (darin 6 km in 5:30/km bzw. 85 % mHf)	11
Fr		–	–
Sa		DL 60 Min. (75 % mHf)	10
So	✖	lgDL 120 Min. (70 % mHf)	18

5. Woche (49 km)

Tag	Art	Training	ca. km*
Mo		–	–
Di	⊙	5 x 1000 m in 4:51 Min. (400 m Trabpause)	12
Mi		–	–
Do	→	Tempo-DL (darin 6 km in 5:30/km bzw. 85 % mHf)	11
Fr		–	–
Sa		DL 60 Min. (75 % mHf)	10
So	✖	lgDL 105 Min. (70 % mHf)	16

6. Woche (35 km)

Tag	Art	Training	ca. km*
Mo		–	–
Di	⊙	8 x 400 m in 1:55 Min. (200 m Trabpause)	10
Mi		–	–
Do		DL 45 Min. (75 % mHf), Stg	7
Fr		–	–
Sa		DL 20 Min. (70 % mHf), Stg	3
So	→	**Wettkampf über 10 km** (Zielzeit 49 Min.)	15

%mHf = Prozent der maximalen Herzfrequenz, DL = Dauerlauf, Stg = Steigerungsläufe, ✖ lgDL = langer Dauerlauf, → Tempolauf oder Wettkampf, ⊙ Intervalltraining
* Bei Wettkämpfen und Tempoeinheiten sind bei den Tageskilometern Kilometer für langsames Ein- und Auslaufen mit einberechnet; weitere Erläuterungen siehe Text.

Krafttraining
Schlanker und jünger

Eine ausführliche Anleitung zur Gymnastik und ein Dehnungsprogramm haben Sie im ersten Band der Lauf-Diät bereits vorgestellt bekommen. Auf die Kräftigungsgymnastik in zwei Schwierigkeitsstufen wollen wir aber in diesem Buch nicht verzichten, denn als Muskel- und Hormonjoker zur Erhöhung des Grundstoffwechsels und des Kalorienverbrauchs ist es unverzichtbar.

Krafttraining verhilft zudem zu einem knackigeren Körper und verhindert Rückenprobleme. Kraft- und Ausdauertraining ergänzen sich hervorragend. Letzteres ist gut für das Herz-Kreislauf-System, und Laufen oder flottes Walking verbrennt in kurzer Zeit unter allen Sportarten mit die meisten Kalorien.

Kalorienkiller und Jungbrunnen in einem

Der Muskeljoker Krafttraining trägt in mehrfacher Hinsicht zum Abnehmen bei. Zum einen kann man durch intensives Training Muskulatur aufbauen. Mehr aktive Körpermasse bedeutet zum anderen aber auch einen erhöhten Grundstoffwechsel. Sie verlieren sozusagen Kalorien nicht nur durch das Training selbst, sondern auch im Schlaf, nämlich durch die schiere Existenz des aufgebauten stoffwechselaktiveren Muskelgewebes. Mehr Muskulatur erhöht auch das körpereigene Level der anabolen, aufbauenden Hormone wie Testosteron. Sie sind dadurch aktiver und bleiben biologisch jünger!

Hochintensives Training stimuliert den Stoffwechsel anders als Ausdauertraining und ergänzt somit bestens die Wirkungen Ihres Dauerlaufprogramms. Anstrengende Belastungen haben außerdem einen stunden- bis tagelang anhaltenden »Nachbrenneffekt«, mit dem Sie mittelfristig noch einige Pfunde so ganz nebenbei verlieren.

Das Kräftigungsprogramm

Sie setzen bei unserem Kräftigungsprogramm nur Ihr Körpergewicht ein und brauchen keine Geräte. Es ist also immer möglich, und es gibt keine faule Ausrede mehr. Am besten planen Sie das Übungsprogramm an Tagen mit lockerem Lauftraining oder an Ruhetagen ein.

Die Kräftigungsübungen sollten Sie wegen der höheren Belastung nur zwei- bis dreimal pro Woche durchführen. Eine ideale Unterlage wäre Rasen, Teppich, ein Handtuch oder eine Matte. Sie sollten sich vorher ein wenig aufwärmen und dabei zur Not auf der Stelle tippeln oder etwas seilspringen. Halten Sie während der Übungen nicht die Luft an.

Kraftausdauer und HII-Krafttraining

Um einen Kraftzuwachs zu erreichen, müssen Sie sich kurzzeitig intensiver bis in den roten, anaeroben Bereich belasten. Sie gehen mit kurzen Wiederholungen vorsichtig an Ihre individuelle Erschöpfungsgrenze. Legen Sie weniger Wert auf den Muskelzuwachs und die daran gekoppelten Effekte, so trainieren Sie mehr die Kraftausdauer. Dafür legen Sie sozusagen weniger Gewicht

auf und streben eine höhere Wiederholungszahl an. Beispiel: Frauen machen Liegestütze mit den Knien am Boden, während Männer die Arm- und Schulterpracht intensiver von den aufgestützten Füßen stählen. Bei den meisten Kräftigungsübungen können Sie die Endstellung entweder halten oder dynamisch etwa im Sekundentakt wippen.

Die belastendere HIIT-Variante haben wir schon beim Lauftraining kennengelernt. Beim Kräftigen kann man ebenfalls hochintensives Intervalltraining einsetzen. Sie wählen jeweils die angegebene schwerere HIIT-Variante der Übungen, wiederholen sie dynamisch bis zur Erschöpfung und machen nach einer Lockerungspause zwei bis fünf weitere Sets.

Dehnen der Muskulatur ist nach dem Lauftraining wichtig. Das ausführliche Programm dazu finden Sie im ersten Band der Lauf-Diät.

Bauchmuskulatur

Sie winkeln in Rückenlage die Beine an und lassen diese aber entspannt. Nun heben Sie nur die Schultern von der Unterlage und halten diese Position oder wippen mit den Armen nach vorne gestreckt links, zwischen und rechts neben die Beine und zurück. Die Lendenwirbelsäule soll rückenschonend flach am Boden bleiben. Sie können mit den Händen den Nacken abstützen, aber dabei nicht den Oberkörper am Kopf hochziehen.

HIIT-Variante Die Arme sind gestreckt hinter dem Kopf.

Rückenmuskulatur

Aus dem Vierfüßlerstand heben Sie diagonal den linken Arm und das rechte Bein, also nicht Arm und Bein derselben Seite, in die Waagerechte. Halten Sie diese Position bis zur Ermüdung und nehmen sich dann die andere Seite vor. Sie sollten dabei das Becken nicht seitlich hochdrehen. Schauen Sie bei der Übung nach unten.

HIIT-Variante Sie tragen Gewichtsmanschetten an den Hand- und Fußgelenken.

Seitliche Rumpfmuskulatur

Sie legen sich auf die Seite und stützen sich mit dem Unterarm flach auf dem Boden ab. Der Körper ist gestreckt wie ein Lineal. Nun heben Sie die Hüfte vom Boden ab und gehen in den Seitstütz. Halten Sie diese Position eine Weile. Wenn Sie noch nicht so kräftig sind, sollten Sie zur Vereinfachung das obere Bein vor dem Körper aufsetzen (Foto oben). Dadurch nehmen Sie etwas Gewicht aus der Übung. Auch diese Kräftigung können Sie dynamisch durchführen, indem Sie das Becken anheben und wieder ablegen.

HIIT-Variante Legen Sie das obere Bein auf das untere auf (Foto unten).

Oberkörper- und Armmuskulatur

Zur Kräftigung der Vorder- und Rückseiten des Oberkörpers, Schulterbereichs und der Armmuskulatur können Sie Liegestütze in zwei Varianten durchführen. Diese Übung wird normalerweise dynamisch ausgeführt, wobei Sie den gestreckten Körper nach unten schauend zur Unterlage absenken, ohne diese zu berühren. Einsteigerinnen oder Übergewichtige sollten sich zunächst mit den Knien aufstützen (Foto oben). Wenn Sie mehr Kraft haben, können Sie auch die normalen »Männerliegestütze« auf Fußspitzen und Händen trainieren.

HIIT-Variante »Männerliegestütze« auf den Fußspitzen.

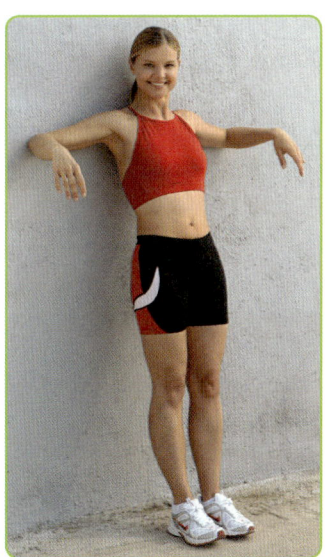

Oberer Rücken, Muskeln zwischen den Schultern

Stellen Sie sich eine Fußlänge entfernt von einer Wand auf und lehnen sich mit den Schultern dagegen. Je weiter Sie von der Wand wegstehen, desto schwerer wird die Übung. Heben Sie seitlich die Oberarme, bis sie einen rechten Winkel zum Oberkörper bilden. Nun stemmen Sie den gerade gestreckten Körper dynamisch mit den Ellenbogen von der Wand ab. Sie sollten die Arme dabei nicht absinken lassen. Diese Übung wirkt gegen einen Rundrücken und verbessert außerdem die Armhaltung beim Laufen.

HIIT-Variante Sie stehen eineinhalb bis zwei Fußlängen von der Wand entfernt.

Bauch-, Rücken- und rückwärtige Oberschenkelmuskeln

In Rückenlage winkeln Sie ein Bein an, das andere ist gestreckt. Heben Sie Becken und das gestreckte Bein in eine gerade Linie. Diese Position halten oder dynamisch ausführen. Haben Sie noch wenig Kraft, winkeln Sie beide Beine an und heben das Gesäß an, bis der Oberkörper eine gerade Linie mit den Oberschenkeln bildet.

HIIT-Variante Sie stützen sich nur auf einem Bein ab und heben das andere gestreckt zusammen mit dem Becken an (Foto).

Meine Lauf-Diät
Anwender berichten

Ralf, 44 Jahre

Hunger hatte ich immer schon sehr viel, gegessen habe ich auch entsprechend, und Nahrungsmittelknappheit war keineswegs das Problem meiner Kindheit. Kompensiert habe ich dies allerdings durch dreimal die Woche intensives Handballtraining sowie an den anderen Tagen durch Squashspielen, worin ich es schließlich unter die Top Ten von Bremen brachte. Meine sportlichen Aktivitäten wurden eigentlich nur durch die Schule unterbrochen (natürlich Abitur in Sport) und den Nebenjob, den ich damals hatte.

Dann kam dieser Bänderriss. Selbst nach meiner Genesung habe ich nicht wieder in den Sport zurückgefunden, im Gegenteil, man konnte seine tolle Freizeit ja auch ganz faul verbringen. Die Konstanten, die blieben, waren mein Hunger und dessen Bekämpfung.

Wie man sich fettet, so wiegt man

Mit Erfolg. Die zum Überleben wichtigen Fettpolster wuchsen und wuchsen. Es ist nicht so, dass ich diese völlig gleichgültig hingenommen hätte. Ganz im Gegenteil. Wenn Sie jemanden suchen, der quasi alle Diäten dieser Welt ausprobiert hat, so kann ich mich nur anbieten. Wahrscheinlich könnte ich lange Seminare über dieses Thema abhalten. Das Ganze hat sich dann im Lauf der Jahre auf ein Körpergewicht von stolzen 174 Kilogramm hochgeschaukelt.

Das Maß ist voll

Was war nun im vergangenen Jahr los, warum hat es dann doch noch Klick bei mir gemacht? Ich glaube, es kamen mehrere Sachen auf einmal, die meine grauen Zellen veranlassten, den Schalter schließlich auf »Leben« zu stellen. Irgendwann an einem Samstagabend nach dem Sport (Bundesliga im Fernsehen schauen) kam ich im Sessel sitzend ins Grübeln. Eigentlich hielt ich mich doch für einen ganz passablen Kerl. Eigentlich auch für sehr willensstark. Wie begeistert war ich nach den Lebensenergieseminaren von Wolfgang Feil, was war nur los mit mir?

Ein Buch, ein Neuanfang

Dunkel erinnerte ich mich an ein Buch, das ich von den Seminaren mitgebracht hatte: »Die Lauf-Diät«. Ich will daran glauben, den Funken der Vernunft schon immer in mir getragen zu haben. Aber nachdem ich dieses Buch durchhatte, brannte er lichterloh. Fasten war für mich die Möglichkeit, den Hunger zu bekämpfen, der nach dem vierten oder fünften Tag überhaupt keine Rolle mehr spielt. So konnte ich dann, nachdem ich die Einkaufsliste des Buches verwendete, diverse Läden durchstöberte und nachdem ich die Hälfte der Küchenschränke mit Beschlag belegte, mit dem ersten Tag der Lauf-Diät beginnen.

Schmeckt gut, tut gut

Da der Hunger ja nun erfolgreich bekämpft war, konnte ich mich voll auf die Gerichte konzentrieren. Am Anfang ist alles gewöhnungsbedürftig. Chili, Kurkuma, Leinöl, Tofu, vieles scharf – und manchmal noch mit Zimt? Ist aber alles kein Problem, im Gegenteil, mit jedem Tag fühlt man sich wohler und man freut sich schon richtig auf das Essen. Nun kamen Stimmen auf, ob man denn alle 14 Tage das Gleiche essen könne. Meine Antwort lautet dann immer: »Ja, so viel Abwechslung muss sein!« Im normalen Haushalt wird doch innerhalb von 14 Tagen manchmal auch schon wieder eine Mahlzeit wiederholt, oder nicht?

Die Gerichte schmecken im Prinzip alle lecker; was ich nicht mag, lasse ich weg und esse halt ein Mittagsgericht auch am nächsten Tag noch mal. Satt wird man in der Regel auch, je nach Tagesform. Hier ist allerdings wieder Disziplin gefragt, aber man kann ruhig auch mal »auf einem geraden Weg eine Blume rechts am Waldrand pflücken« (eine Scheibe Vollkornbrot extra oder lecker Senfgurken). Anschließend aber weiter geradeaus gehen!

Eine Frage der Zeit

Ein nicht zu unterschätzendes Thema ist der Zeitaufwand der Zubereitung. Abends wird mein Drink oder der Haferschmaus für den nächsten Morgen vorbereitet. Ebenso das Mittagessen für den nächsten Tag (nehme ich ja mit in die Arbeit). Abends wird dann mein Abendessen für den laufenden Tag zubereitet. Ich komme in der Regel gegen 18 Uhr nach Hause. Vorausgesetzt, ich habe alle Zutaten der Speisen parat und muss nicht mehr los zum Einkaufen, muss ich also jeden Tag drei Mahlzeiten zubereiten.

Außer Acht gelassen, dass das ein oder andere Familienmitglied auch noch Zeit in Anspruch nehmen möchte, gilt es ja außerdem noch Sport zu machen. Nach der ganzen Zeit, die ich dieses Programm durchziehe, bin ich in der Lage, eigene Variationen einzubauen. Einiges lasse ich mal weg, einiges kommt dazu. Das Prinzip bleibt aber immer erhalten. Auch die Menge der Nahrung.

Immer wieder walken

Vor einigen Jahren habe ich bei meinem Sportverein (ich bin da tatsächlich Mitglied) einen Nordic-Walking-Kurs erfolgreich abgeschlossen. Etwas gewalkt bin ich danach immer mal. So um die 300 Meter. Nach dem Fasten ging es dann richtig los. Dreimal die Woche Walken jeweils rund eine Stunde lang. Ergebnis nach elf Monaten Lauf-Diät: 48 Kilo abgenommen.

Heike, 45 Jahre

Ich kenne alle Diäten. Ich kenne alle Jo-Jo-Effekte. Ich habe sämtliche Sportarten probiert, um auf die Schnelle Gewicht zu verlieren, aber nichts habe ich lange durchgehalten. Ich weiß, worum es geht, da ich seit Jahren mit Übergewicht zu kämpfen habe. Besonders schlimm hat es mich in den letzten fünf Jahren erwischt. Eine neue berufliche Herausforderung zwang mich, meine 15-jährige Jugendarbeit aufzugeben. Inlineskaten, schwimmen, joggen usw. aufgegeben, kam ein Kilo nach dem anderen hinzu. Ein Partner, der am Wochenende wunderbare Gerichte zaubert, eine große Abteilung, wo ständig Frühstück, Kuchen und Süßes angeboten werden, gaben ihr Bestes dazu, und irgendwann ist ein Kilo mehr oder weniger egal.

Es kam immer dicker

So ging es nicht weiter. Das wusste ich genau, denn nicht nur das Gewicht machte mir zu schaffen. Nein, hinzu kamen enorme Rückenprobleme, und überhaupt mochte ich mich nicht mehr leiden.

Also war es wie eine Erlösung, Dr. Wolfgang Feil und seine Bücher auf einem Harry-Partner-Seminar kennenzulernen. Das Buch »Die Lauf-Diät« wurde mein Begleiter. Selbstverständlich war mir klar, dass ich mit dem Übergewicht (laut BMI bereits Fettsucht) nicht gleich mal so losjoggen kann, aber zumindest die Rezepte anwenden und mehr Bewegung tun schon gut.

Allergien gegen Lebensmittel sowie Kreuzallergien verbieten mir viele gesunde Sachen. Dagegen ist meine Laktoseintoleranz ein Witz, denn die habe ich seit Wolfgangs Tipps sehr gut im Griff. So begann ich erstmal ganz langsam mit Ackerschachtelhalm, Algen Greens (verhindern auch Heißhunger), Kurkuma (passt zu fast jeder Mahlzeit) und nach jeder Mahlzeit zwei bis drei Chilischoten.

Einfach lecker

Die Rezepte aus der Lauf-Diät kann ich wärmstens weiterempfehlen. Ich esse fast täglich Ananas und Karotten. Mittags zwei Scheiben Schwarzbrot (helles Mehl ist verbannt) mit Butter und Belag nach Wunsch, dazu Radieschen, Gurke oder Tomate. Frischer Salat mit Geflügelstreifen bringt Abwechslung. Alkohol ist tabu. Abends versuche ich, nach Möglichkeit nur noch Eiweiß zu mir zu nehmen.

Mein Favorit ist nebenbei die leckere Feuerschokolade, um mein Immunsystem zu stärken. Grippe oder Erkältung hatte ich schon ewig nicht mehr. Noch ein toller Tipp hat mir sehr geholfen: laut Wolfgang Feil »ohne Reue sündigen und am nächsten Tag wieder brav sein«. Das halte ich tatsächlich auch ein.

Bewegen mit Lust

Ein Tipp, der bei mir Sportmuffel sehr gute Wirkung zeigt: Ich pflege eine Powerpointdatei und stelle in dieser meinen Gewichtsverlust in Butterstücken dar: 14 Kilogramm entspricht 56 Butterstücken. Wie gesagt, Laufen kommt zurzeit noch nicht infrage, aber aus allen Büchern zusammengesammelt einige Übungen. Ja, aus diesen Übungen habe ich mir ein eigenes Programm gebastelt. Hauptsächlich habe ich es auf Bauch, Beine und Po abgesehen, und aus anfänglicher Mühe und Unlust ist jetzt Lust geworden. Meine extremen Rückenprobleme haben sich so gut wie erledigt.

Das Ziel im Blick

Bisher kann ich 14 Kilogramm weniger verzeichnen und möchte noch mindestens zehn loswerden. So kann jetzt jeder Leser dieses Buches hochrechnen, wie kugelrund ich immer noch bin.

Ich werde nie im Leben einen Marathon laufen, ich werde überhaupt nie Leistungssportlerin, aber wenn die nächsten fünf Kilo runter sind, werde ich wieder ganz langsam anfangen zu joggen. Mit 45 und als sogenannter Sportmuffel bestimmt nicht so ganz einfach, aber: Das ist mein erklärtes Ziel.

Andrea, 52 Jahre

Wenn man es ganz genau betrachtet, gehöre ich zur »Zwei-Kilo-Fraktion« – eigentlich bin ich mit meinem Gewicht zufrieden, aber wenn es ein bis zwei Kilo weniger wären, wäre es auch okay. Natürlich ernähren wir uns zu Hause schon immer sehr be-

wusst und seit über drei Jahren überwiegend nach der Lauf-Diät. Ich konnte mein Gewicht gut halten, aber dennoch hat sich in der Bauchgegend ein kleiner Vorrat angesammelt. Die Waage zeigte stetig das gleiche Gewicht, und trotzdem nahmen die Bauchringe zu. Es schien so, als ob durch die Wechseljahre eine Umverteilung in Richtung Bauch erfolgte.

Der Erfolg spricht für sich

Was mein Mann schon seit Längerem äußerst erfolgreich bei seinen Spitzenathleten einsetzte, wollte ich jetzt bei mir als Hobbyläuferin testen: Die abendliche Mahlzeit wurde fortan kohlenhydratarm zubereitet. Die ersten zwei Wochen hatte ich im Anschluss noch leichten Hunger – ich trank dann meist ganz einfach zwei Tassen grünen Tee und suchte mir eine ablenkende Beschäftigung.

Nach zwei Wochen »Eingewöhnungszeit« hatte sich mein Körper an die andere abendliche Mahlzeit gewöhnt. Schon nach sechs Wochen merkte ich, dass durch diesen zusätzlichen abendlichen Lauf-Diät-Joker die Bauchringe weggingen und auch dauerhaft weggeblieben sind. Deshalb habe ich mit meinem Mann mit viel Freude neue Lauf-Diät-Rezepte erstellen können, da ich den Erfolg selbst erlebt habe.

Ach ja, bevor ich es vergesse: Die kohlenhydratarmen Abendessen mache ich inzwischen nicht mehr jeden Tag, sondern an fünf bis sechs Tagen die Woche – der Erfolg bleibt trotzdem.

FAQs zur Lauf-Diät
Fragen und Antworten

Frage Warum ist die stoffwechseloffensive Ernährung der Lauf-Diät Garant für ein hohes Alter ohne Krankheit?

Antwort *In der weltweit bislang größten Gesundheitsstudie wurden von der Universität Cambridge mehr als 20 000 Menschen jahrelang begleitet. Menschen, die nicht rauchten, moderat Alkohol tranken, sich ausreichend bewegten und täglich fünf Portionen Obst und Gemüse aßen, lebten durchschnittlich 14 Jahre länger im Vergleich zu denjenigen Menschen, die diese einfachen Gesundheitsmaßnahmen nicht praktizierten. Weil die Lauf-Diät zusätzlich den richtigen Mix an vitalisierenden Fettsäuren, eine moderate Kohlenhydratbalance, stoffwechselaktivierende Aminosäuren sowie krebshemmende Kräuter und Gewürze enthält, werden die Erfolge noch größer sein.*

Frage Warum ist die Lauf-Diät für Menschen ab dem Alter von 30 Jahren besonders wertvoll?

Antwort *Die Stoffwechselleistung nimmt ab 30 ab. Durch eine gezielte Ernährung nach der Lauf-Diät in Kombination mit Bewegungs- und Krafttraining wird der Stoffwechsel angekurbelt. Abgelagertes Fett wird dadurch wieder mobilisiert, überflüssige Pfunde verschwinden, die Knochen werden stabiler, und auch das mentale Wohlbefinden steigt.*

Frage Wie oft soll die Lauf-Diät im Jahr gemacht werden?

Antwort *Die Lauf-Diät ist keine reine Diät. Es ist eine Ernährungsform, die dem Körper alles gibt, was er für eine hohe Leistungsfähigkeit braucht. Deshalb sollten die Prinzipien der Lauf-Diät immer beherzigt werden. Zusammen mit den zwei Wochen aus dem ersten Lauf-Diät-Buch haben Sie nun sechs Wochen lang lauter stoffwechseloffensive Rezepte. Nach diesen sechs Wochen können Sie wieder bei Woche eins anfangen – Sie haben dadurch eine große Abwechslung.*

Frage Wenn ich nach Lauf-Diät esse und mich bewege – was verändert sich in mir?

Antwort *Beschrieben haben wir vorrangig den Erfolg, mit der Lauf-Diät die überflüssigen Pfunde wegzubekommen. Durch die stoffwechseloffensiven Rezepte werden vor allem die Bauchringe weniger werden. Die Lauf-Diät hat jedoch weitere gesundheitsfördernde Wirkungen. So werden im Lauf der Monate hohe Blutdruckwerte und erhöhte Triglyzerid- und Cholesterinwerte normalisiert. Wir empfehlen die stoffwechselaktiven Rezepte auch als die derzeit wirksamste Ernährung zur Krebsprophylaxe, ebenso zur Überwindung von Krankheiten. Da die Rezepte so konzipiert sind, dass sie entzündliche Prozesse im Körper herunterregulieren, ist die Lauf-Diät besonders auch*

Drei auf einen Streich: Wer zumindest Gemüse und Gewürze im Bioladen seines Vertrauens einkauft, tut der eigenen Gesundheit, dem Umweltschutz und dem fairen Handel etwas Gutes.

für Arthrosepatienten und Rheumatiker empfehlenswert. Ebenso bietet die Lauf-Diät den besten Schutz vor Alzheimer.

Frage Ist die Lauf-Diät auch für Hochleistungssportler gut?

Antwort *Ja. Die stoffwechselaktivierenden Rezepte sind gut für alle sportlich Aktiven: Leichtathleten, Marathonläufer, Fußballer und Radfahrer. Die Erholungsfähigkeit nach Training und Wettkampf wird durch die balancierte Nährstoffzufuhr der Lauf-Diät verbessert – ebenso der Schutz vor Infekten.*

Frage Soll bei den Lauf-Diät-Rezepten vorrangig Bioware eingesetzt werden?

Antwort *Da wir bei den Rezepten sehr viele Gewürze einsetzen, empfehlen wir, diese im* Bioladen einzukaufen. Biomilch enthält deutlich mehr Omega-3 Fettsäuren im Vergleich zu konventioneller Milch – deshalb empfehlen wir auch bei der Milch, verstärkt auf Bioqualität zu setzen.

Frage Warum verzichtet die Lauf-Diät auf Sonnenblumen- und Distelöl?

Antwort *In diesen beiden Speiseölen sind sehr viele Fettsäuren der Omega-6-Gruppe enthalten. Diese erhöhen Entzündungswerte und dadurch das Risiko, an Krebs, Alzheimer oder Diabetes zu erkranken. Inzwischen gibt es schon linolsäurearmes Sonnenblumenöl. Wenn hier der Anteil der einfach ungesättigten Fettsäuren über 65 % liegt, dann ist dieses linolsäurearme Sonnenblumenöl empfehlenswert.*

Frage Sie empfehlen in der Lauf-Diät sehr viel grünen Tee. Wie soll grüner Tee getrunken werden?

Antwort *Der grüne Tee enthält sehr viele Polyphenole der Klasse der Katechine. Diese sind für den gesundheitlichen Wert des grünen Tees verantwortlich. In einer Studie konnte nachgewiesen werden, dass mehr Katechine im Blut ankommen, wenn zusätzlich ein Spritzer Zitronensaft oder ein paar Scheiben Orangen zusammen mit dem Tee aufgenommen werden. Natürlich sollte man sich angewöhnen, Tee und Kaffee generell ohne Zucker zu genießen.*

Frage Ich habe mich über die vielen Schokoladenrezepte gefreut. Darf ich generell mehr Schokolade essen?

Antwort *Bei Schokolade kommt es auf einen hohen Kakaoanteil an. Dieser sollte bei mindestens 70 % liegen. Von diesen dunklen Schokoladen können Sie sich immer wieder eine Rippe zusätzlich gönnen. Dies ist in unseren Wochenplänen berücksichtigt.*

Frage Wie kann ich meine Lieblingsrezepte überprüfen, ob sie Lauf-Diät-tauglich sind?

Antwort *Auf der homepage www.abnehmen. fm haben wir einen Lauf-Diät-Rechner installiert. Hier können Sie Ihre Rezepte eingeben und so lange verändern, bis das Rezept den stoffwechselaktiven Anforderungen entspricht. Auf dem Weg zum stoffwechselaktiven Rezept bekommen Sie immer Hinweise, was an Zutaten noch fehlt oder was zu viel ist.*

Frage Warum wird bei der Lauf-Diät Butter anstelle von Margarine empfohlen (z. B. für eine Butterbreze)?

Antwort *Die gesättigten Fettsäuren in der Butter sind größtenteils langkettig, zu einem geringeren Teil auch kurzkettig. Die langkettigen Fettsäuren erhöhen Entzündungswerte, die kurzkettigen Fettsäuren ernähren die Darmschleimhaut, stabilisieren die Darmflora und wirken somit entzündungssenkend. Zusammen mit der entzündungssenkenden konjugierten Linolsäure, die generell in Milchprodukten vorkommt, ist die Butter im Entzündungsbereich somit neutral. Anders dagegen Margarine, die in der Regel auf Basis von Sonnenblumen- oder Distelöl hergestellt wird. Diese sogenannten Omega-6-Öle erhöhen die Entzündungswerte. Darüber hinaus ist die Butter ein Naturprodukt, während Margarine sehr stark verarbeitet ist. Lebensmittel sollten generell mit niederem Verarbeitungsgrad ausgesucht werden.*

Frage Wenn die abendliche Zufuhr von Kohlenhydraten sich derart ungünstig auf die Figur auswirkt, warum verzichtet die Lauf-Diät dann nicht generell immer darauf?

Antwort *Bei der Lauf-Diät essen wir morgens und mittags moderat Kohlenhydrate. Diese sind aber immer eingebunden in viel Gemüse bzw. in Obst, Kräuter, Gewürze, aktivierende Fettsäuren und Eiweißträger. Ein genereller Verzicht auf Kohlenhydrate in einer sogenannten Low-Carb-Diät liefert dem Menschen zu wenig Antrieb. Auch das Ge-*

hirn produziert zu wenig glücklichmachende Botenstoffe durch eine generelle Low-Carb-Ernährung.

Frage Sie verwenden in Ihren stoffwechselaktivierenden Rezepten häufig Zimt. In den Medien hört man, dass der cumarinarme Zimt aus Ceylon vorzuziehen ist. Stimmt das?

Antwort *Wir empfehlen den ganz normalen Zimt. Die cumarinhaltigen komplexen Verbindungen im Zimt sind nicht schädlich, sondern senken den Blutdruck, die Cholesterin- und die Blutzuckerwerte. Auch das Bundesinstitut für Risikobewertung BfR sagt, dass erwachsene Menschen jährlich 600 Gramm ganz normalen Zimt, also täglich ½ Teelöffel essen können.*

Frage Die Lauf-Diät basiert auf vielen Gewürzen, auch sind viele leckere und aktivierende Kakaorezepte aufgeführt. Wie sollten die Qualitäten dieser Produkte sein?

Antwort *Wir empfehlen, Gewürze und Kakao generell im Bioladen einzukaufen. Da auf vielen konventionellen Kakaoplantagen auch heute noch Kinder sklavenartig arbeiten müssen, raten wir, dunkle Schokolade und Kakao auch nur noch im Bioladen zu besorgen und auf das Fairtrade-Zeichen zu achten.*

Frage Wenn ich Chili nicht vertrage, soll ich dann für die Stoffwechselaktivierung dennoch zu jeder Mahlzeit drei Chilistücke (je 0,5 Zentimeter Länge) schlucken?

Gewürze – eines der leckeren Geheimnisse, die unsere Lauf-Diät so gesund machen: Sie helfen, den gefährlichen Bauchspeck loszuwerden.

Antwort *Keinesfalls – Sie sollten immer in sich hineinhören. Obwohl wir heute wissen, dass Inhaltsstoffe aus dem Chili die Magenschleimhäute schützen und bei Magenblutungen therapeutisch eingesetzt werden, gibt es immer auch einzelne Menschen, die Chili z. B. im Darm nicht vertragen. Diese sollten dann auch keinen Chili schlucken.*

Frage Warum nimmt man mit der Lauf-Diät besonders am Bauch ab?

Antwort *Die stoffwechseloffensiven Rezepte der Lauf-Diät haben einen niedrigen glykämischen Index, insbesondere die abendlichen kohlenhydratarmen Mahlzeiten. Der Körper produziert dadurch weniger Insulin, wodurch ein wesentlicher Dickmacherimpuls entfällt. Aufgrund unserer Studie aus dem Jahr 2004 und unserer langjährigen Erfahrungen aus dem Sport wissen wir, dass sich zu viele abendliche Kohlenhydrate in Form von Bauchringen ablagern.*

Frage Warum ist insbesondere das Bauchfett krank machend?

Antwort *Fettsäuren werden in Fettzellen eingelagert. Diese Fettzellen produzieren Entzündungsstoffe. Da der Bauchraum viele Organe beherbergt (Herz, Leber, Bauchspeicheldrüse, Darm), werden diese permanent durch die Entzündungsstoffe angegriffen. Die stoffwechseloffensive Ernährung à la Lauf-Diät verringert den Bauchspeck und wirkt darüber hinaus durch die vielen Kräuter und Gewürze entzündungssenkend. Das ist einer der Hauptgründe für die gesundheitliche Wirkung der Lauf-Diät.*

Frage In Ihrer Lauf-Diät werden Kohlenhydrate nur sehr moderat gegessen, dafür steigen der Fett- und Eiweißanteil deutlich. Tut mir das denn auch auf die Dauer gut?

Antwort *Ein klares Ja. Neue Studien zeigen, dass wir zum Erhalt der Muskulatur mehr Eiweiß brauchen, als bisher angenommen wurde. Wer mehr Muskulatur hat, der ist leistungsfähiger, verbrennt mehr Kalorien und sieht besser aus. Der höhere Fettanteil der Lauf-Diät gründet sich auf aktivierende Fettsäuren, bevorzugt auf einfach ungesättigte Fettsäuren aus dem Olivenöl und auf den Omega-3-Fettsäuren. Wir brauchen diese aktivierenden Fettsäuren für die Produktion unserer Hormone sowie für geschmeidige Muskeln. Der höhere Fett- und Eiweißanteil führt darüber hinaus zu einer besseren Sättigung im Vergleich zu einer Kohlenhydratmast, die Insulinwerte bleiben niedrig.*

Frage Warum sind beim Bewegungsprogramm zur Lauf-Diät auch Muskelkräftigungsübungen und kurze Intervalle berücksichtigt?

Antwort *Ein gut trainierter Muskel schützt die Knochen vor Abnutzungserscheinungen und produziert Wohlfühlstoffe im Gehirn. Besonders aktivierend auf den Stoffwechsel und die Gesundheit sind kurzfristige hochintensive Übungen. Deshalb sind zusätzlich in die Bewegungspläne Intervalle mit kurzer, hoher Belastung eingebaut. Reine, gleichmäßige Ausdauerbelastungen reichen zur Stoffwechselaktivierung nicht aus.*

Sachregister

Rezeptregister

Desserts

Dank

Unser Dank gilt allen, die mit ihren Rezepten zu diesem Buch beigetragen haben:

6. Tag, Mittagessen, Karottenlasagne: **Heike Bienstein,** deutsche Crossmeisterin

7. Tag, Abendessen, Thunfisch Frodo: **Jan Frodeno,** Olympiasieger Triathlon Peking

8. Tag, Abendessen, Spinat mit Cranberrys: **Friederike Feil,** Hindernisläuferin

21. Tag, Abendessen, Meeresfrüchterisotto: **Torsten Oelscher** alias Parisian aus der Achim-Achilles-Läufercommunity

22. Tag, Mittagessen, Fisch aus dem Wok: **Dennis Rösch,** Chefkoch vom »Reefs«, Tübingen

24. Tag, Mittagessen, Gemüsepfanne: **Ingalena Heuck,** deutsche Halbmarathonmeisterin

Vielen Dank auch für die Überlassung der köstlichen Schokorezepte von **Victoria Laine,** die wir stoffwechseloffensiv leicht abgewandelt haben: Schokoladenbrownies, Schokoladeneis mit Walnussstückchen, Avocado-Schokoladen-Creme, Zimt-Schoko-Pudding.

Quelle: Victoria Laine, Health by Chocolate. Radical new recipes & nutrition know-how. OwL Medicine Books, Edmonton/Canada 2008 (www.healthbychocolatebook.com)

Literatur

Feil, W./Wessinghage, Th./Reichenauer-Feil, A.: *Body-Coach.* Haug-Verlag. Stuttgart, 2. Auflage 2008

Kasper, H.: *Ernährungsmedizin und Diätetik.* Urban & Fischer Verlag. München, 10. Auflage 2004

Mateljan, G.: *The world healthiest foods.* George Mateljan Foundation. Seattle 2007

Steffny, H.: *Das große Laufbuch.* Südwest Verlag. München, 9. Auflage 2010

Steffny, H./Pramann, U./Doll, C.: *Perfektes Lauftraining – Das Ernährungsprogramm.* Südwest Verlag. München, 4. Auflage 2008

Steffny, H.: *Walking, Nordic Walking.* Südwest Verlag. München, 5. Auflage 2004

Wessinghage, Th./Feil, W./Ryffel, J.: *Gesundheits-Coach.* Haug-Verlag. Stuttgart 2009

Watzl, B./Leitzmann, C.: *Bioaktive Substanzen in Lebensmitteln.* Hippokrates Verlag. Stuttgart, 3. Auflage 2005

Zimmermann, M./Schurgast, H./Burgerstein, U.: *Burgersteins Handbuch der Nährstoffe.* Haug-Verlag. Stuttgart, 11. Auflage 2007

Internetadressen/Bezugsquellen

▸ Ernährungscheck DF 100 nach Dr. Feil sowie weitere stoffwechselaktivierende Rezepte: www.dr-feil.com

▸ Walking-, Lauf-, Abnehm- und Ernährungsseminare von Herbert Steffny mit Theorie und Praxis: www.herbertsteffny.de

▸ Mandelmehl, frische Dinkelkeimlinge und Chilibalsam nach Dr. Feil, Gewürzblütenmischung: www.fit-food-service.com

▸ Nahrungsergänzungen nach Dr. Feil zur Stoffwechselaktivierung und zur Kräftigung der Darmflora: www.allsani.de

▸ Bratöl mit Buttergeschmack (mit einem hohen Anteil an einfach ungesättigten Fettsäuren): www.wilhelm-egle.de

▸ Moderne Funktionsbekleidung für Sportler: www.rono-innovations.de

▸ Anregungen zum Tagesmotto – Jahreskalender von Jörg Löhr: www.joerg-loehr.com

▸ Homepage des Bestsellerautors, Fitnessexperten und Internisten Dr. Ulrich Strunz mit dem Motto »Bewegung – Ernährung – Denken«: www.strunz.com

Mein Ratgeberportal – villavitalia**.de**

Herbert Steffny
Laufseminare

Mit diesem Buch haben Sie bestimmt viel gelernt und Lust bekommen, endlich mit mehr Bewegung, Laufen und Ernährungsumstellung anzufangen. Doch nicht Wissen, sondern Handeln ist Macht! Wir helfen Ihnen beim Einstieg, damit gleich zu Beginn nichts schiefläuft und Ihre Laufkarriere vorzeitig endet. Wenn Sie bereits laufen können, so vertiefen wir Ihre Vorkenntnisse und bringen mehr System in Ihr Training.

Für Genussläufer

Herbert Steffny und sein erfahrenes Expertenteam veranstalten bereits seit 1989 über das ganze Jahr Lauf- und Walkingseminare in Hinterzarten im herrlichen Naturpark Südschwarzwald, aber auch Laufurlaube und -wochen im In- und Ausland. Einsteiger und Fortgeschrittene lernen dabei in lockerer und familiärerer Atmosphäre in Theorie und Praxis alles Wichtige rund ums Laufen. Hintergrundwissen und

Herbert Steffny mit Seminarteilnehmern.

Know-how wird von uns nur aus erster Hand vermittelt. Dazu gehören fachkundige, aber auch für Laien verständliche Vorträge und Workshops zu Motivation, Training und Ernährung, Abnehmen und Gewichtsmanagement, individuelle Beratung, Dehnungs- und Kräftigungsübungen und Rückenschule, Laufstilanalyse, Lauf-ABC, Herzfrequenz-, Laktat- und Fettmessung und natürlich Lauftreffs in Gruppen vom Einsteiger bis zum Marathonläufer. Herbert Steffny leitet selbstverständlich persönlich die Seminare. Aber auch der Genuss bleibt nicht auf der Strecke. In Hinterzarten bietet das Team für Laufgourmets und Genussläufer außerdem Wochenendseminare unter dem Motto: »Laufen, Genießen, Entspannen!« an. Im eigenen Wellnessseminarhotel mit seinem urigen finnischen Polarkiefern-Saunahüttendorf verwöhnt Sie der Olympiakoch und frühere Weltklasseläufer Charly Doll mit seiner vollwertigen, gesunden und schmackhaften Küche. Ausführliche Infos finden Sie im Internet unter www.herbertsteffny.de.

Dr. Wolfgang Feil

Daily Food 100

Der Zusammenhang zwischen Wohlbefinden, Vitalität und Ernährung ist wissenschaftlich umfassend belegt. Ein Grund mehr, die bisherige eigene Ernährung genauer unter die Lupe zu nehmen. Nach der Lektüre und/oder der erfolgreichen Absolvierung der Lauf-Diät wissen Sie nun, was alles Ihrem Körper guttut und mit welchen Rezepten Sie ihn so richtig auf Vordermann bringen.

Außerdem kennen Sie die positive Wirkung von zahlreichen Gewürzen und wissen von der heilenden Wirkung von Ingwer, Brokkoli und anderen Lebensmitteln. Nun interessiert es Sie sicherlich, wo Sie derzeit gesundheitlich stehen, wo Ihre Schwachpunkte sind, welche zusätzlichen Lebensmittel gezielt Abhilfe schaffen.

Auf der Homepage von Dr. Feil haben Sie die Möglichkeit, den DF 100 zu machen. Der DF 100 ist ein Fragebogen mit 100 Fragen und bietet die Chance, Ihr bisheriges »Daily Food«, Ihre Ernährung, von ihm bewerten zu lassen. Sie bekommen wertvolle Tipps und Lebensmittelhitlisten, aus denen Sie gezielt auswählen können. Den DF 100 sollten Sie immer dann machen, wenn Sie Antworten auf folgende Fragen suchen: Warum nehme ich nicht ab, obwohl ich immer weniger esse? Wo lagen meine Fehler, die ich zukünftig vermeiden soll? Warum habe ich manchmal einfach keine Energie? Warum bekomme ich immer wieder eine Erkältung? Wo sind die Schwachstellen bei meinem Immunsystem?

Die Auswertung

Bisherige Tests konnten keine Aussagen zu Allergien, Bindegewebszustand oder Übergewicht machen. Der DF 100 nach Dr. Feil schätzt Risiken ab und gibt Anleitungen, wie Sie denen am besten vorbeugen. Auf über 25 Seiten werden die individuelle, persönliche Ernährung klar aufgeschlüsselt, Defizite deutlich dargestellt und Vorschläge zur Ernährungsumstellung an die Hand gegeben. Ideen, wie sich der Ernährungsstatus nachhaltig verbessern lässt und das Leben dadurch ausgewogener, vitaler und gesünder wird, helfen gezielt weiter.

Wir legen mit dem DF 100 Ihr Potenzial für 100 vitale Jahre frei.

Kontakt: *www.df-100.com*

Impressum

Impressum

Hinweis

Die Ratschläge/Informationen in diesem Buch sind von Autoren und Verlag sorgfältig erwogen und geprüft. Dennoch kann eine Garantie nicht übernommen werden. Eine Haftung der Autoren bzw. des Verlags und seiner Beauftragten für Personen-, Sach- und Vermögensschäden ist ausgeschlossen.

Bildnachweis

Foodfotografie: Anke Politt
Foodstyling: Roland Geiselmann
Requisite: Christine Mähler
Assistenz: Sascha Toske

Weitere Fotos:

Archiv Südwest Verlag/lizenzfreie Bilder: 2 (gettyimages/Sam Edwards), 6/7 (iStockphoto), 15 (panthermedia/Michaudeau); Corbis, Düsseldorf: 32/33 (RF/Ocean), 181 (Desgrieux/photocuisine); Imago, Berlin: 162 (Plusphoto); gettyimages, München: 28/29 (Michael Poehlmann); Jump, Hamburg: 24/25 (S. Eisend), 158 (M. Sandkühler); Privat: 9 re.; Steffny Herbert: 155, 168; Stockfood, München: 12/13 (W. Schardt); Südwest Verlag: 9 li., 167, 173, 174/175 (N. Olonetzky), 41, 43 (M. Jessen), 183 (Nikolai Buroh)

Grafiken: v*büro – Jan-Dirk Hansen, München

Redaktionsleitung
Susanne Kirstein

Projektleitung
Eva Wagner

Layout, DTP, Gesamtproducing
v*büro – Jan-Dirk Hansen, München

Redaktion
Text & Form – Nicola von Otto, München

Bildredaktion
Sabine Kestler

Korrektorat
Susanne Langer

Umschlaggestaltung
R. M. E. Eschlbeck/Kreuzer/Botzenhardt

Litho
Artilitho snc, Lavis (Trento)

Druck und Verarbeitung
Alcione, Lavis (Trento)

Printed in Italy

MIX
Papier aus verantwortungsvollen Quellen
FSC® C021956

Verlagsgruppe Random House
FSC-DEU-0100
Das für dieses Buch verwendete
FSC®-zertifizierte Papier *Profibulk*
wurde produziert von Sappi Alfeld.

ISBN 978-3-517-08665-1

817 2635 4453 6271